高校体育教学资源优化与管理

李 杰 著

中国海洋大学出版社

·青岛·

图书在版编目(CIP)数据

高校体育教学资源优化与管理 / 李杰著. —青岛：
中国海洋大学出版社，2023.9
ISBN 978-7-5670-3651-2

Ⅰ.①高…　Ⅱ.①李…　Ⅲ.①体育教学－教育资源－
资源配置－高等学校　Ⅳ.①G807.4

中国国家版本馆 CIP 数据核字(2023)第 182025 号

出版发行	中国海洋大学出版社		
社　　址	青岛市香港东路 23 号	**邮政编码**	266071
出 版 人	刘文菁		
网　　址	http://pub.ouc.edu.cn		
电子信箱	2586345806@qq.com		
订购电话	0532-82032573(传真)		
责任编辑	矫恒鹏	**电　　话**	0532-85902349
印　　制	日照报业印刷有限公司		
版　　次	2023 年 9 月第 1 版		
印　　次	2023 年 9 月第 1 次印刷		
成品尺寸	170 mm×240 mm		
印　　张	12.25		
字　　数	207 千		
印　　数	1～1000		
定　　价	56.00 元		

发现印装质量问题，请致电 0633-8221365，由印刷厂负责调换。

前　言

　　人类在社会生活及学习、工作过程中的所有活动都需要资源作为有效支撑。教学资源是指人类文明在发展变化过程中积累的与教育教学相关的知识、经验、技能、理念，以及为了开展教学活动而投入的资产、人力、设施，也包括教育者的教育素养、教育理念以及学校建立的教育制度、教育体制等等。所有具有教育教学价值并且能够为教育发展及教学活动提供有效参考和支持的条件，都可归于教学资源范畴。

　　体育教育是高校教育不可或缺的一部分。高校体育的教学任务是增强学生体质、增进学生健康、给学生传授体育运动技术并丰富校园学生文化。体育教学活动的开展离不开足够的资源，资源的有限性要求我们对资源优化与管理保持高度关注，确保高校体育教育相关的人力资源、物力资源、课程资源及其他相关资源得到充分利用，使得有限的资源能够发挥出更加显著的作用，提升高校体育教育质量，为社会输送更多优秀的人才。

　　本书运用理论与实践相结合的研究方法，深入介绍了高校体育教学资源相关知识，分析了高校体育教学资源优化的原则与方法，阐释了高校体育教学资源管理的内涵与特点，使读者对高校体育教学资源的优化与管理有一个准确的认识；在此基础上，深入研究了高校体育教学内容资源、信息资源的优化与应用，以及教学资源库的优化建设，对高校体育教学人力资源、场馆资源、环境资源的优化与管理进行了探索，以期对高校体育教学资源优化与管理工作的开展提供参考。

　　本书在撰写过程中吸收、借鉴了国内外许多专家、学者的最新研究成果和出版文献，在此一并表示感谢。另外，由于撰写人员水平有限，不妥之处在所难免，敬请读者批评指正。

作　者

2023 年 3 月

目　录

第一章　高校体育教学资源理论研究

第一节　高校体育教学资源概述

一、高校体育教学资源的概念

高校体育教学资源,从构成高校体育教学的素材来说:首先,是指高校体育教材资源,如知识、技术、技能、锻炼的组织形式与方法以及管理者、教师和其他相关人员的思想、情感、创意、才能、价值观和培养目标等资源;其次,是指传媒信息资源,如社区、国内外各类体育活动和竞技比赛、体育科技、体育音乐、体育艺术和其他体育事务活动等信息资源。就教学实施条件资源而言:其一,主要是指有关高校体育教学的管理体制以及相关的法律和法规等资源;其二,是指高校体育教学管理者、教师、教练员、辅导员、学生和家长等人力资源;其三,是指场地、器材、相关设施和财力投入等物力和财力资源;其四,是指地理和气候、自然环境等资源。

综上所述,我们认为高校体育教学资源包括四层意思:

(1)高校体育教学资源是指有可能进入体育教学活动,直接成为体育教学活动内容或支持体育教学活动进行的无形与有形的一切因素,是高校教育资源的重要组成部分。

(2)高校体育教学资源不仅是保证体育教学目标实现和体育教学顺利实施的基础,也是体育教学因素的天然来源和体育教学实施的条件。

(3)高校体育教学实施的范围和水平,不但取决于高校体育教学资源的丰富程度和拓展广度,更取决于高校体育教学资源的开发和利用效率。

(4)虽然高校体育教学资源是潜在形态的教学,但没有高校体育教学资源就没有高校体育教学的存在,没有丰富而开放的体育教学资源,就没有动态生成的现代体育教学。

二、高校体育教学资源的分类

高校体育教学资源的内容极其丰富,从不同的角度出发有不同的划分方法。高校体育教学资源主要有以下几种划分方式。

(一)根据功能特点划分

1. 素材性体育教学资源

素材性体育教学资源是指组成体育教学材料的基本来源。其特点是作用于体育教学,并且能够成为体育教学的素材和来源。素材性体育教学资源包括国家颁发的体育教学指导纲要、国家体育教学标准、体育教材、各种参考资料,体育管理人员的思想、情感、智慧和创意,体育科技、历史、文化艺术、各种媒体(电视、电影、网络)信息等。

2. 条件性体育教学资源

条件性体育教学资源是指体育教学实施的基本条件要素。其特点是作用于教学,但不是形成教学本身的直接来源,也不是学生学习和收获的对象,它在很大程度上决定着教学实现的范围水平。条件性体育教学资源包括直接决定教学范围的体育教师、教练员、学校医务人员、教学管理者等人力资源,体育场馆器材、设备等物力资源,学校教育经费投入、社会资助等财力资源,社会自然环境等。在现实中,其实有些资源既包含着体育教学的素材又包含着体育教学的条件,如人力资源、网络资源、环境资源等。

(二)根据存在方式划分

1. 显形体育教学资源

显形体育教学资源是指看得见摸得着,可以直接运用于教育教学活动的体育教学资源,如教材、计算机、自然和社会资源中的实物、活动等,它是实实在在的物质存在。显形教学资源可以直接成为教育教学的便捷手段或内容,相对易于开发与利用。

2. 隐形体育教学资源

隐形体育教学资源是指以潜在的方式对教育教学活动施加影响的教学资

源,如校风、社会风气、家庭气氛、师生关系等。与显形教学资源不同,隐形教学资源的作用方式具有间接性和隐蔽性的特点。它们不能构成教育教学的直接内容,但是它们对教育教学活动的质量起着持久的潜移默化的影响。

(三)根据性质划分

1. 自然体育教学资源

自然体育教学资源具有"天然性"和"自发性"。我国幅员辽阔,山川秀美,物产丰富,可以开发与利用的自然教学资源极为丰富。例如,可以充分利用空气、阳光、水、江、河、湖、海、沙滩、田野、森林、山地、草原、雪原、荒原等条件,开展野外生存生活方面的教学与训练,开发自然环境资源等。认识自然,融入自然,与自然界和谐共处,是学生素质养成的重要内容,也是整个教学编制过程应体现的一个基本理念。

2. 社会体育教学资源

社会体育教学资源带有"人工性"和"自觉性"的特点。人们可以开发与利用的社会体育教学资源同样也是多种多样的。例如以家庭体育、社区体育、假日体育、民族传统体育等方式所开展的体育活动;为了保存和展示人类体育文明成果而建设的公共设施,如体育博物馆、体育展览馆、雕塑、健身娱乐中心、体育运动中心高水平运动训练基地与体育科研所等。

(四)根据空间分布划分

1. 校内体育教学资源

凡是在学校范围之内的体育教学资源,就是校内体育教学资源。它是实现教学目标,促进学生全面发展的最基本、最便利、最直接的资源,如学校师资结构、师资水平、学校体育场地、体育器材设施等资源,以及校纪校风、校容校貌等校园人文环境资源。

2. 校外体育教学资源

校外体育教学资源包括学生家庭、社区乃至整个社会中各种可用于体育教育教学活动的设施和条件以及丰富的自然资源,如社区体育设施、体育人文环境、国内外体育活动和比赛信息、国家经济和人民群众对体育的需求等资源,以及山川河流、沙漠高原等自然环境资源。校外体育教学资源可以弥补校内体育教学资源的不足。充分开发与利用校外教学资源能为我们转变教育教学方式，适应体育教学的改革与发展提供有力的支持和保证。

(五)根据存在状态划分

1. 潜在的体育教学资源

潜在的体育教学资源是指体育教学资源的教学功能处于潜在状态，而不是资源本身处于潜在状态。这类体育教学资源隐含在历史与现实的维度上和有形与无形的教育资源、社会资源之中，不具备直接的、显性的教学价值，需要主体在开发利用中进行合理有效的赋值与命定，即赋予并提升其教学潜能，才可能进入潜在教学资源领域，再经过开发利用转化为现实教学的组成部分和实施条件。其关键在于教学主体能否对其赋值，赋予其什么意义及何种程度的教学潜能，如校风校貌、学校的体育氛围及体育文化氛围、学校的体育传统、学校的体育规章制度、班级的体育风气、体育教师的素养、师生关系的和谐及合作程度、学生的敬业精神和团队精神、体育场地设施的布局、有体育特长的教师和学生的感召力与影响力等。

2. 已开发待利用的体育教学资源

已开发待利用的体育教学资源价值的发挥必须通过体育教学实施、通过师生的互动和交流才能体现。当前由于教学方式和场地及设备条件等的限制，很多教学形态未能进入教学实施阶段，造成体育教学资源的闲置和浪费。针对这类闲置教学资源需要合理管理和有效利用，例如对现有体育运动项目的适度改造，对新兴和民族民间传统体育项目的利用开发，科学合理编排体育课表，合理布局和使用场地器材，发挥体育器材的多种功能，创新利用一些优秀体育教师的教学录像带、光盘、课件、论文论著等。

3. 待创生的体育教学资源

从总体上看，体育教学资源应在时间、空间和主体3个维度中把握。除横向外，从纵向上看，则有历史、现实和未来3个时间段的体育教学资源，也就是说，应该有现实中还没有的未来意义上的需要经过主体赋值的教学资源，即待创生的体育教学资源。这类资源是主体依靠自身的智慧在一定的时间、空间条件下创造的。与体育教学有关的人员可以创生体育教学资源，其他人员也可以创生体育教学资源，只是需要教学资源开发利用者主观的命定和筛选，并把创生的资源合理有效地运用到教学及教学实施中去,如开发体育远程教育资源、创立新兴运动项目等用于教学与训练。

4. 现实存在并已开发的体育教学资源

现实存在并已开发的体育教学资源是形成体育教学因素的基本来源,主要包括体育教师、学生、体育课、体育教材、各种参考书、教学大纲、教学计划、教学进度、教学器材、校内体育场地设施、早操、课间操、课外体育活动、运动队训练、校内运动会与各种体育竞赛、体育夏(冬)令营等。

5. 现实存在但未开发利用的体育教学资源

现实存在但未开发利用的体育教学资源是指已经具有教学潜能的那部分资源,它是体育教学资源的直接存在形态,如:有体育特长的班主任、辅导员、校医、社会体育指导员、家长、学生骨干等;校外体育馆、健身中心、康复中心等;大型运动会、体育节、社区体育、家庭体育等;图书馆、博物馆、科技馆等;利用广播、电视、网络等获取体育信息,观赏体育比赛,并充实更新体育教学内容;利用江河、湖海、荒原、丘陵、森林、田野、高山、海滩、河滩等开展安全有益的野外生存、生活方面的教学与训练以及各种体育活动。这类资源易于开发,效果明显。只要在体育教学实施中合理开发利用,这类资源就会很快转化为体育教学组成部分和教学实施的条件,发挥其教学价值。

三、高校体育教学资源的特征

(一)高校体育教学资源的基本特征

1. 待开发性

高校体育教学资源的待开发性是以含有教学潜能为前提,即体育教学资源要有开发的价值和效益。它不是现实的教学要素和条件,必须经过教学主体自觉能动地加以开发和利用,才能转化为现实的教学成分和相关条件,发挥课程作用和教育价值。有相当一部分教学资源在进入体育教学之前就具有转化为体育教学或支持体育教学实施的可能性,但还不是现实的体育教学或体育教学实施的现实条件。只有经过筛选或转化,并以一定的方式呈现出来,才可能成为学校课程或有利于课程实施的基本条件。可以说在现实社会中,大部分的资源都属于潜在体育教学资源的范畴。我们对体育教学资源认识上的偏差,使得这些无处不在的资源长期被忽视而得不到开发与利用。但随着时间的推移与体育教学的发展,这一教学资源的优势和可利用性将越来越突出,进而成为新的体育教学资源被利用与开发。相对于现实教学和教学实施条件来说,体育教学资源是一种"自然"因素,必须经过主观赋予意义后才能进一步被开发和利用。

2. 不确定性

高校体育教学资源是客观社会资源经主体意识筛选后具有主观与客观特点的资源,其涉及范围不但有物质层面,还有制度层面和精神层面。体育教学资源根据主体需要人为命定,这是体育教学资源与其他自然资源的最大区别,同时也就决定了其不确定性。

3. 多样性

高校体育教学资源涉及学生体育学习与生活环境中所有有利于高校体育教学实施、有利于达到高校体育教学标准和实现高校体育教学目标的资源。其绝不仅是物质的,也绝不限于学校内部。一方面,因为高校体育教学呈开放性,教学模式、教学结构、教学内容呈多样化,所以可以开发和利用的体育教学资源也具有广泛性和多样性。它既有来自自然界的,也有来自社会的;既有显形的,也有隐形的;既有校内的,也有校外的;既有人力的,也有物力的;既有文字的和实物的,也有活动的和信息化的;等等。另一方面,由于体育教学资源是为实现广泛的体育教学目标服务的,因而体育教学资源实现的体育教学目标也是多样的。又由于体育教学资源与社会资源的同构性,体育教学资源作为社会资源也有社会效益,即体育教学资源具有的功能并非在教学领域仅有,进而决定了体育教学资源在绝对量上的稀缺性与相对量上的多样丰富性。

4. 动态性

在不同的历史时期,高校体育教学资源的内涵、外延及内容不同,其本身是一个成长发展的过程。同时,高校体育教学资源必须针对当时具体的时空条件和情境进行开发和利用,要能反映出高校所在区域的区位条件、自然环境、经济水平、社会条件、民族文化和自身的体育特色与优势。因此,高校体育教学资源是开放、不平衡的,有较大的伸缩性,也是动态的。

(二)高校体育教学资源的独有特征

1. 运动性

高校体育课程教学内容与其他课程教学内容的最大差异在于:高校体育课

程教学内容主要是由体育运动的身体练习构成的,与身体实践活动紧密相关。毛振明指出体育课程教学内容"是以有关身体运动的学习和身体运动的技能形成为主要培养目标的内容;是以运动为媒介、以大肌肉群的活动状态进行教育的内容"。高校体育课程的学习不仅是通过学生的思维活动解决学生知与不知、懂与不懂的问题,而且是通过学生实际从事的运动学习与身体练习,以及运动中的肌肉本体感觉的形成与动作记忆,解决学生会与不会的问题。

2. 差异性

高校体育教学资源因地域、文化传统和背景、学校性质与规模的不同,又具有差异性的特点。不同的地域,其构成高校体育教学资源的形式和表现形态各异;不同的文化传统和背景下,人们的体育价值观念、体育能力、体育欣赏水平等具有独特性,相应地,教学资源也各具特色;学校性质、规模、位置、办学水平、教师素质、学生个体的家庭背景、运动能力、体质状况、生活经历等不同,可供开发与利用的教学资源必然也是千差万别的。

3. 娱乐性

体育教学内容大部分来自体育运动,高校体育运动项目大多是从各种各样的运动性、竞技性游戏发展变化而来的。而运动性游戏自然具有趣味性、娱乐性。在运动学习与运动竞赛过程中,会经历竞争与合作、成功与失败的体验,给人的情感、情绪以深刻而丰富的影响。

4. 多功能性

所谓高校体育教学资源的多功能性是指同一种高校体育教学资源,具有不同的价值与功能,为实现不同的体育目标服务。例如校园环境,它既可以作为宣传校园体育文化、丰富学生校园体育生活的场所,也可以将校园作为定向运动、生存生活训练的教学专门场地。教师要善于挖掘和利用体育教学资源的多种功能和价值,变一元为多元,从而使体育教学资源的价值得以充分地发挥。

5. 健身性

高校体育课内容的学习过程实际上也是学生从事身体练习的过程。在这一过程中,学生必然承受一定的运动负荷。因此,合理地安排练习的负荷大小,对于增强体能、增进健康的作用是其他任何一门教学内容都无法具备的。

6. 具体性

高校体育教学资源有着具体的特点,表现在:①不同的地域,可开发利用的高校体育教学资源不同；②不同的文化背景下，人们的价值观念、道德意识、风俗习惯具有各自的独特性，相应的高校体育教学资源亦各具特色；③高校的性质、规模、办学条件等的不同，其可以开发利用的体育教学资源也不尽相同；④学生个体的家庭背景、身心发展水平、生活经历的不同，其可供开发利用的体育教学资源必然也是千差万别的。

7. 非阶梯性

体育教学内容与一般学科知识教学内容不一样。它没有学科内容之间比较清晰的由易到难、由简到繁的阶梯形结构，以及明显地从基础到提高的逻辑结构体系。它是由众多的相互平等的竞技运动项目和身体练习组成的，而且理论知识的素材也很多，这就为体育教学内容的选择增加了比较大的难度。

第二节　高校体育教学资源优化的原则与方法

一、高校体育教学资源优化的原则

(一)以人为本原则

现代教育思想具有主题鲜明的特征，如"面向全体学生""学生为主体""个性发展""和谐思想"等，反映了教育目标的指向。体育课的教学要树立"以人为中心"的原则，这是学校教学的归宿，也是学校育人的目的。"十年育树，百年育人"，人是教育的根本。学生通过高校的体育教育体验到体育带来的乐趣。高校以学生为本，没有学生的健康，就没有国家的未来，这说明了高校体育教学中以人为本的重要性。

"以人为中心"，不仅要以学生整体为本，更重要的是要以每个人为本，要以学生每个人的心理活动为基本，配置体育资源，组织教学策略，实施教学方案。在高校的行为和观念上都符合学生每个阶段的发展，这正是高校所欠缺的。

(二)科学性原则

科学性原则是要以一定的现有的高校体育教学资源环境事实为依据，能够使高校体育教学资源现状进行合理性改变的原则和方法。

高校体育教学资源优化的科学性首先应该体现在有一定的目标性上,要为实现一定的目标服务,要有利于达到体育教学目标,有利于丰富体育教学内容,有利于提高体育教学的质量。不同的目标指向,应该对应优化相应的体育教学资源。但是,由于体育教学资源本身具有多功能的特点,这使得同一体育教学资源可以服务于不同的目标。这就要求在明确目标的前提下,认真分析与该目标相应的体育教学资源,认识与掌握它们各自的性质和特点,寻求最有利于实现该目标的体育教学资源优化途径。

高校体育教学资源优化的科学性还应体现在它的可行性和可操作性上。在优化过程中要考虑高校的特点、实际条件、实际状况、学生身体素质情况、教师专业能力、办学规模、校园环境空间和自然环境等条件,从实际情况出发,实事求是地发挥地域优势、民族特性、学校特点和教师特点,强化学校的体育特色,展示体育教师的能力和风格,发展学生个性,扬长避短、因地制宜、因人制宜、因时制宜地优化学校体育教学资源。另外,需要强调的是,在体育教学实施过程中应注意优化最切合体育学科特点的教学资源,不能盲目仿效其他学科教师的做法,"依样画葫芦",从而导致失去体育学科的特质、混同于其他学科、没有体育的特色。

(三)从实际出发原则

不同高校有不同的规章制度和教学情况,要从高校实际出发,根据不同高校的实际情况进行体育教学资源的优化。

1. 教学环境方面

不同性质的高校有着不同的教学设备、场馆设备,大部分高校场地、设备比较齐全,可以为学生提供有效的活动,能提供专业的体育人才去管理教学工作和更多专业教师入岗入编开展教学。

2. 师资队伍方面

要充分考虑到不同学校现有师资队伍的结构和数量,加强教师队伍在社会方面的招聘,对教师进行岗前培训。体育教师需要一专多能,体育课程的教授更需要专业体育人才。

3. 高校领导态度方面

不同的高校领导对高校的政策、校规的制定也不尽相同。有些高校领导爱好体育,经常参加体育活动,积极投身于参加体育活动的氛围,就会鼓励学校多组织体育活动,营造良好的体育环境。高校领导一定要从自己学校的实际情况出发,积极发展体育事业。

(四)平衡性原则

在使用各种体育教学资源时,要把体育教学资源和具体的体育课程内容有机结合起来,并且对课堂中使用的时间比例与内容安排的顺序加以合理调整。这样就可以将不同体育教学资源的长处加以充分发挥,达到相互平衡。体育教材是体育教学的主要依据,而有些情况是有任课教师无教学场地,有些情况是有教学场地无任课教师,通常更多地会表现为教学场地与任课教师都存在严重的不足。教学方法的多样性,要求在体育教学资源优化的过程中体现出平衡性,开发出能够更好地适应体育教学手段和方法。

(五)最优化原则

为了更好地为学生提供优化的教学资源,积极开展有利于学生身心发展的活动,高校领导要积极组织学生参加素质拓展活动,开阔视野、增长知识,参加的活动包括定向越野、越野跑、夏令营等。

首先,学校要根据自身的优势和劣势,从众多体育教学资源的利用中,找出最适合优化的体育资源;其次,根据学校的优化目的,突出以学生为本,对所优化的体育教学资源进行全面的优化分析,避免出现浪费资源的现象;再次,将优化的对象进行评估,对优化完成后的效果进行预测性评估;最后,我们应遵循最优化的理念,加强体育设备的创新性研究,加大场地和器材的开发,并且对优化后的体育器材进行统一检测,确保能够投入使用。

二、高校体育教学资源优化的方法

(一)转变高校体育教学观念

一直以来,在人们的心中有这样的观念,即体育学习不如文化课学习重要,学好文化课更容易考上好大学,有利于毕业后的工作,而学好体育则没有这方面的作用,所以没有必要进行体育课的开展。不论家长还是学生,甚至有些学校领导也有这样的想法。然而,实际上体育课的开展对学生的身体健康、兴趣培养、良好的价值观的形成具有积极的引导作用。切实转变现有的观念,有利于学校体育活动的开展,提高学校体育教学的质量,增强体育教学资源的合理使用情况,提高利用率。

"四肢发达,头脑简单"是很多人对体育人的描述,但在当今社会这种观念已经很难成立。从事体育活动的人更能充分融入现代社会,能更有效地适应社会,有更好的性格来应对困难和阻碍。"四肢确实发达,头脑并不简单"才是对当今社会体育人的最好描述。

(二)强化高校体育教学资源优化意识

高校体育教学资源丰富多彩,尤其在大数据和信息化时代背景下,资源渠道和项目种类呈现出了个性化和多元化的色彩与特征,为体育教学资源的优化提供了更大的机遇与挑战。因此,体育教师应循序渐进地加强资源优化意识,尽量贴近学生的生活实际,选取多样的教学资源。体育教师还要明晰自身学识、态度和价值观对教学资源的作用,并不断提升自身素质。同时,要加深对教学资源的了解,善于采取创新的精神对体育教学资源进行识别,不断在实践中优化。

(三)高校体育教学资源与体育课程内容相结合

体育课程的内容是体育教学资源选择的依据和基础,体育课程的改革在很大程度上为体育教学资源的选择利用提供了保障,学校体育课程的目标和体育教学的内容之间有着密切的逻辑关系,不仅取决于学校的课程安排还取决于体育教学环境这些客观因素。因此,体育教学资源在符合体育教学内容的发展、体育教学改革的情况下,根据体育教学目标,加大体育教学内容的科学性和教学目的的准确性。

体育教学资源的开发利用并不是随意进行的,是为符合现代体育课程的改革而设计的。根据现有的体育课程的标准,提高学校体育教学资源的全面性;根据高校学生的身心发展特点,设计体育课程内容,使得学生更愿意上体育课。体育教师也更加有信心为学生上好体育课,体育课程与体育教学资源的结合有利于培养学生的兴趣和情感,有利于学校体育事业的发展。

(四)对高校体育传统设备的创新性改变

传统的设备器材已经满足不了现代学生的需求,因而学校自身制造的体育器材可以有效激发学生练习的兴趣,提高学生上课的热情。例如,利用自制的"纸飞机"练习投掷时手臂发力的顺序;利用自制"纸足球"练习足球的传接球、运球或开展球类游戏;利用废旧篮球、排球、足球的球皮,通过裁剪缝制成实心球、垒球、沙包等。这种对体育设备器材的创新性改变,既提高了体育运动安全性,也让学生乐学、乐玩、乐练,还能有效缓解和改善场地限制、器材不足的现状。虽然器材配备目录里明确了必配器材,但资金不到位、设备维修、器材更新速度偏慢和补充不及时的问题依然存在。通过对传统器材场地的开发,可有效缓解和改善这一现象。

此外,改变传统的体育器材,如用于跳远的沙坑可用来做高抬腿练习,提高腿部力量;一些废旧的轮胎可用作跑步时锻炼阻力的练习;跨栏架可用作足球的球门;等等。只要体育教学的目的明确,训练方法得当,都可将现实生活中传统的锻炼器材改变成多种用途的教学设备。破旧的纱网可当作投掷用的阻挡器械,防止铅球或铁球偏离轨道,有助于学生练习动作的定型,提高学生技术水平。

第三节　高校体育教学资源管理的内涵与特点

一、高校体育教学资源管理的内涵

高校体育教学资源管理是指高校体育管理者对高校体育教学资源进行科学管理,使整个高校体育教学流程更加制度化和规范化的过程。其目的是提高高校体育教学质量,顺利完成高校体育教学任务,最终实现高校体育教学的教学目标。

高校体育教学资源管理不但具有管理的特点,而且担当了十分重要的体育课堂实施的辅助角色。因此,高校体育教学管理者不但要积极学习最先进的管理理念和管理方法,而且要积极地对二者进行创新性融合。当然,高校体育教师也应当积极配合体育教学资源管理人员,积极采用先进的教学思路和模式,以适应时代的发展,共同完成高校体育教学的目标和任务。

二、高校体育教学资源管理的特点

(一)综合性特点分析

高校体育教学资源管理要对教学要素中的教师、学生、教学场地、教学器材等进行综合管理,具有极强的综合性。如果对以上教学资源管理中的任何一个要素管理不善,都有可能直接影响整个高校体育教学的顺利开展,从而影响教学质量。

(二)连贯性特点分析

高校体育教学资源管理的过程本身是一个完整连贯的体系,所以对高校体育教学资源进行管理也必须遵从这个体系。也就是说,管理要循序渐进、不能脱节,否则很难保证有较好的教学秩序,更不能保证良好的教学过程。

(三)反馈性特点分析

反馈性是高校体育教学资源管理的一个显著特点。因为高校体育教学环节基本在室外进行,涉及的各种教学要素又比较多,教学活动受到各类因素影响较多,所以在整个高校体育教学实施过程中,教师和管理者都必须及时获取来自各方面的反馈信息,然后根据实际情况及时调整。这样才能保证高校体育教学的顺利开展,从而大大提高人力、物力、财力及体育场地和体育器材等的利用效率。

第四节　高校体育教学资源管理存在的问题及发展策略

一、高校体育教学资源管理存在的问题

(一)高校体育教学资源管理理念滞后

近些年,我国高校体育获得了长足的发展,高校体育发展理念也在不断适应社会需要的过程中不断革新。然而,在高校体育快速发展和教育理念不断更新的大背景下,高校体育教学理念严重滞后于高校体育发展理念,这在一定程度上制约了高校体育事业的整体进步,影响了高校体育教学的改革和发展,使高校体育教学资源管理工作效率非常低。

(二)高校体育教学资源管理缺乏整体协调能力

现阶段,我国高校体育教学资源管理过程存在诸多问题,如管理机制设置不够科学合理,各机制之间未能很好地协调运作,场地设施管理、教师管理、学生管理、教学考核评估、教学经费投入等环节存在不同程度的缺陷。尤其是在体育教学评估考核体系中,未能确定符合实际情况的指标,大部分指标的确定只是对学校教育教学资源管理制度的回应,指标构建不够系统;针对学生管理与教育,许多教师停留于传统的管理模式和教学方式上;在动作技能的学习方面,学生常常因对教学重难点的把握不准确而影响学习效率。此外,体育教师教学活动、赛事组织、奖励机制等也是教学管理中应完善与精细化的重要部分。

(三)高校体育教学资源管理制度和体系不健全

作为一项综合性和实践性比较强的工作,高校体育教学资源管理工作对学校的综合实力以及管理水平是一个较大的挑战。一些学校尽管坚持围绕国家教育教学方针主动调整工作思路,但在教学管理上还没有构建完善的管理制度和管理体系,忽视不同管理环节之间的联系以及互动,工作中出现了管理遗漏和管理偏差等问题。体育活动中学生的参与能动性不足,整体的教育管理质量不够理想,严重束缚了学生的个性化成长。很少有教师着眼于教学改革、教学实践以及教学管理工作的相关要求,在全面调整以及改进的过程中进行明确的界定以及分析,致使整体管理水平不高,与预期目标之间的差距非常明显。

(四)高校体育教学资源管理队伍建设缺失

高校的决策层如果对教学管理不够重视,相关的建设就会十分落后;管理队伍质量得不到保障,管理工作效果也会大打折扣。高校体育教学资源管理队伍中不完全是专业管理人员,还包括一些承担教学任务的教师,他们的管理专业能力相对较低,没有接受过系统化培训与锻炼,也没有足够的时间和精力投入管理工作,这势必影响教学管理的质量。此外,高校体育教学资源管理队伍的结构不合理,职称偏低、年龄偏大、男性偏多等问题明显,亟须优化管理队伍。高校缺乏对体育教师的激励机制,这会极大地影响体育教师的工作热情,长久来看,不利于体育教学的研究与发展。

(五)高校体育教学资源管理方法和手段固化,缺少灵活性

以对高校体育教学课程的管理为例来看,部分学校的教学管理出现了走极端的问题:要么直接放任自流,让学生自由发挥;要么直接以控制式教学为主体,对学生进行简单的命令和苛责。这两种教学管理方式都不利于学生的自主实践,无法真正满足学生的个性化发展需求。同时,学校和教师不能站在学生的角度,了解学生的真正发展需求,着眼于学生的兴趣爱好,难以在调整管理方法和管理手段的过程中给予学生更多的参与式体验学习机会。此外,很多学生缺乏内驱力,难以意识到参与体育的乐趣以及体育对个人发展的重要性,因此对于体育学习疲于应付、消极对待。

二、高校体育教学资源管理发展策略

(一)更新高校体育教学资源管理理念

高校体育教学资源管理工作要积极更新高校体育教学资源管理理念,结合高校体育教学实际改革教学管理模式,以适应高校体育发展的需要,为高校体育发展服务。高校体育教学资源管理工作既要最大限度地挖掘和发挥传统教学资源管理的优势,也要不断吸收先进的理念和工作方法,学习和掌握新时期体育教学资源管理手段和方法,与新时期高校体育教学的新发展相适应。高校体育教学管理工作要借鉴国内外高校体育教学管理模式的成功经验,大胆创新和实践,形成符合学校特点的体育教学资源管理模式。

(二)构建适应现代高校体育教学资源管理规律的运行机制

高校体育事业的发展离不开科学的体育管理。要提高学生的身体素质,提高学校的体育教育水平,就必须建立完善的体育管理模式。因此,高校应构建完善的教学资源管理机制,使各机制间协同管理,责任与分工更加细化;建设相关制度,大力推进高校体育教学资源管理的规范化、法制化,通过制度来管理,能够监测教师的教学质量与效果,评判学生的学习效果,对运动硬件设施进行有效监控,从而保证高校体育教学工作的顺利进行。

(三)创新高校体育教学资源管理方法和手段

在完成前期的主体教学管理工作后,教师需要了解前一阶段教学管理工作

中存在的各类不足,进行后期的总结及反思,积极创新管理策略和管理手段。高校体育教师要突破互联网信息教育技术的短板,掌握现代化教育教学手段。高校应重视教师教学能力的培养,充分利用教研活动和教学创新大赛等形式不断提升教师的教学探索能力。

(四)推进高校体育教学资源管理信息化、科学化、高效化进程

"互联网+"时代的到来,使我国信息技术有了质的飞跃。推进高校体育管理的信息化,对于我国高校体育管理具有重要的意义。首先,高校是科技发展的摇篮,高校体育管理信息化有先天优势。在已有条件下建立全面、专业的体育管理体系,积极创新、灵活变通,才能使体育管理工作既遵守原则又具有灵活性;其次,我国高校的体育管理者应提高自身的科学化管理水平,并根据实际能力促进体育管理的信息化、科学化,加大对体育事业的投入,使我国的高校体育资源管理更系统、科学、灵活,与当代社会衔接。

(五)优化高校体育教学资源管理环境

高校领导要提倡体育教育革新理念,将体育教学资源管理作为提高大学生综合素质的重要手段,加强对体育教学资源管理工作的重视。首先,要从思想上重视体育教学资源管理,将其纳入整个学校的重要发展规划;其次,应通过各种渠道加大对体育节、体育竞赛活动等体育课外活动的投入;再次,学校还应注重体育活动的举办,争取社会团体的赞助,再以赞助资金反哺学校体育活动或教学发展;最后,学校要使体育建设经费的管理更加科学化,使每笔体育建设经费都落到实处。

(六)强化体育教师的体育教学资源管理意识和能力

体育教师在课堂中不仅要把教学内容教好、把教学计划执行到位,还需在教学过程中加强对学生的课堂管理。没有规范化的管理就没有严格的课堂纪律,纪律差必然影响教学质量和教学效果。体育教师在教学训练中发现学生偷懒时,必须给予相应惩罚,并进行思想教育,培养学生端正的学习态度。因此,体育教师在教学过程中要提高课堂管理意识,充分发挥学生学习的主体性,激发学生的参与意识,使学生树立终身体育观。

第二章　高校体育教学内容资源优化

第一节　高校体育教学内容资源概述

一、高校体育教学内容资源的定义

高校体育教学内容资源是高校体育教学核心价值观的体现和载体,同时也是实现高校体育教学目标的基本途径;是教师和学生发生各种教学关系的纽带,也是学生接受完整教学内容必不可少的组成部分。

高校体育教学内容资源是根据高校体育教学目标和实施要求,结合学生发展的需要和客观实际条件,以身体运动为基本形式,使学生在身体、心理、情感、道德和社会适应等方面都获得全面健康发展,并形成运动技能的各种有关体育与健康、健身和生活的基本知识、原理、方法等内容的总称。

因此,可以得出高校体育教学内容资源必须符合以下条件。

①它以身体运动知识、原理、方法以及运动技术的掌握和运动技能的形成为主要内容。

②它以身体的各肌肉群活动为媒介和方式进行教育和学习,并在此过程中机体要承受一定的生理负荷和心理负荷。

③它以增强体质、调节心理、形成一定的运动技能和习惯为目标,以促进人的全面健康发展为最终目的。

④它必须符合体育教学目的的要求,并适合学生的身体条件、运动能力、生活需求以及具体的实施环境。

虽然高校体育教学内容资源是以运动知识、技术的传承和运动技能形成为核心和目标的,但它与竞技运动存在较大的差异。高校体育教学内容资源与竞技体育的差异体现在以下方面。

（1）高校体育教学内容资源以促进人的积极发展为目的，并通过高校体育教学的实施使人获得并保持健康状态；但竞技运动则是以开发人的最大运动潜能、争取优异成绩为目的，并且在这个过程中还会对人体产生一定的伤害。

（2）高校体育教学内容资源对人体健康的促进和维持作用是长期的，具有实用性和终身性；但很多竞技运动项目由于自身特点的限制很难在人的日常生活中开展，导致所获得的运动效果和技术水平不能恒定保持较长时间。

（3）高校体育教学内容资源的选择必须依据高校体育教学目的和参与者的实际情况等因素而定，并可以此对运动技术及其评价标准等进行一定的改造和重组；但竞技运动不能因为参与者的条件、参与目的以及物质环境的不同而改变其本身的技术结构、要求以及评判方法和标准等。

二、高校体育教学内容资源的特点

由于受高校体育教学特性的影响，高校体育教学内容资源具有以下特点。

（一）实践性

高校体育教学内容资源是以传授受教育者一定的运动技术、形成运动技能为主体的。它与其他教育内容的学习一样，也需要采用看、听、记、想，但仅靠这些方法是无法将高校体育教学内容完全学会的。对高校体育教学内容的学习必须以学生自身的身体练习为基本形式和手段，同时，教授者也需要进行一定的身体动作示范才能将运动技术形象、直观、生动地展示给学生，便于他们理解和掌握。在这种亲身体验的过程中，从感官感受、模仿开始，只有在一遍又一遍地练习后才能摸索和体会到运动的技巧和方法，明晰其原理，使运动技术的学习逐渐趋于成熟。此外，高校体育教学内容中的运动知识、健康和卫生知识、锻炼原理及方法等，以及体育道德和良好个性的形成都必须建立在对运动技术的学习和实践之上。反之，运动技术学习效率和水平的提高也需要这些基础知识作为铺垫和保障。

（二）健身性

由于对高校体育教学内容的学习需要身体的运动实践作为媒介，在这过程中机体所动用的不只是单独的某一块肌肉或一种身体素质，大部分运动技术的学习都需要机体做一种综合性活动，并发挥其整体效用。这在一定程度上给肢体提供了锻炼的机会。同时,机体也承受着一定量的运动负荷,这种刺激能有效提高机体各种器官和组织的功能,以及它们之间的协调工作能力,对学生身心健康有积极的促进作用。另外,结合当今社会发展以及教学改革的需要,高校体育教学内容的选编要与学生的实际身心特点和生活需求相结合。这将使高校体育教学内容在种类、性质、运动负荷、难易程度、安排顺序等方面都更好地体现出对个体发展和健康需求的关心,这也是高校体育教学内容所特有的。

(三)娱乐性

高校体育教学主要传授运动知识和技术,表面上看它们是比较固定、单一的,但究其根源,娱乐性是它们与生俱来就有的特性之一。在传授高校体育教学内容的过程中,不仅方法多样,而且形式也丰富,如各种体育游戏、运动竞赛等。它们都蕴含着极强的趣味性。在参与的过程中,不仅能学到运动知识和技术,还能使学生在心理上获得积极的体验,主动表现出竞争、合作、坚韧等个性特点,从而进一步激发他们的运动动机和欲望。同时,在这种轻松愉快的氛围中,参与者的情绪、情感、态度、价值观等也得到升华,并能使不良心理状况有所改善。

(四)人际交流开放性

高校体育教学活动的组织形式可分为集体活动、分组练习和个人练习等,而且由于运动技术本身的技术特征和教学、练习的需求,教师和学生的身体位置和活动范围、运动环境等会随着运动的进行而有所改变,这就会导致频繁的人际交流,其中有教师与学生之间的交流、学生与学生相互之间的沟通,也包括与陌生人之间的交流。由于部分高校体育教学内容在初期的学习和锻炼的过程中会需要别人的帮助或保护,这也为人际交流的扩大提供了机会。另外,高校体育教学培养和形成的集体主义精神、协同配合能力、竞争意识、友爱互助的品德等也在一定程度上促进了人与人之间的交流,密切了人与人之间的联系,也是消除隔阂的有效途径之一。

(五)目标多元化

体育教学内容与其他教学内容不同,它不仅是对体育知识和文化的传承,而且也担负着对受教育者进行德育、智育、美育以及社会适应能力培养的责任。

通过高校体育教学内容的实施，既要增强参与者的身体素质和心理素质，发展其智力水平，培养审美观念和能力，还要使他们的思想品德、意志、情感、个性等非智力因素也获得提高，并形成一定的社会适应能力，使参与者能健康且全面地发展，提高自身综合素质。这也是素质教育赋予高校体育教学内容的使命。

（六）内容多样化

高校体育教学内容资源是一种综合性的体现，它既有纯粹的理论知识和运动原理，同时也有必须在身体实践中才能领悟和形成的运动方法、技术和技能，而且这些理论知识的实践应用性也比较明显。在众多的高校体育教学内容资源中，不仅有与健康有关的健身类、娱乐类、休闲类、保健类知识、方法和技术，也包含具有强烈对抗性的竞技类内容和观赏性内容。除此之外，中华民族的传统体育项目和少数民族传统体育项目在我国体育教学内容结构体系中的地位始终未变。在此基础上，国内外的一些新兴运动项目也开始融入现今的体育教学内容行列之中，如攀岩、板球、跑酷、壁球、软式排球等。它们共同构建了新时期丰富多彩的体育教学内容体系。

（七）时空特殊性

从学前教育开始，只有体育教学内容是唯一没有间断过的教学内容，这在时间上突出了长期性和连贯性。另外，高校体育教学内容资源的设置和安排还明显受地理条件、季节和气候变化等因素的影响。在空间上，高校体育教学内容大部分都在户外实施，很多运动所需的场地是固定的，如田径、篮球、排球、乒乓球、沙滩排球、游泳等，而且它们也有各自特定的器材。一旦离开了这些特定的空间和器材，运动技术就可能会发生本质上的改变，甚至不复存在。

需要明确的是，虽然高校体育教学内容资源具有与体育及体育教学相适应的七大特征，但作为教学内容的有机组成部分，它与其他教学内容也有一定的共性，具体表现在以下三个方面。

1. 教育性

高校体育教学内容能使受教育者在各个方面获得一定的提高和发展，主要表现为：①增强体质，提高心理素质；②促进道德、意志、品质、个性等方面的发展；③完善知识结构，逐渐形成完整的知识结构；④适合于大部分地区的高校体育教学实际情况和要求，并受大部分高校体育教学活动参与者的接收和认同；

⑤为学生能获得较好的独立发展能力和更多的成功提供保证。

2.科学性

由于高校体育教学内容要达到使学生产生良性变化和发展的目的,因而在选择高校体育教学内容时应始终贯穿和体现科学性特点和要求。高校体育教学内容是体育文化的具体表现之一,也是对体育科学的继承和发扬,其中包括运动知识、技术原理、身体锻炼原理和方法、健康知识、体育价值观、体育道德等。此外,在组织高校体育教学内容时还必须遵循相关的教学原则与要求,并符合教学规律。

3.系统性

高校体育教学内容内在的各种知识之间、各种运动技术之间都存在着一定的联系,它们相互影响、相互制约,具有一定的辐射作用。此外,由于体育教学内容的安排考虑到各个年龄段受教育者的身心特征、教学环境和条件,这充分表现了体育教学内容的逻辑性和阶段性,这些使体育教学内容在宏观和微观上都显现出它是一个具有客观性、层次性、系统性的有机整体。

三、高校体育教学内容资源优化的理论基础

(一)教育学理论基础

教育学理论指出,在教学中教学内容意义重大,教学内容为教学目标的实现以及培养目标的实现提供保障,教学方法和教学手段的运用也是为了教学内容的有效传递。因此,教学内容是教学改革的重点。体育教学任务是指导学生进行身体锻炼,从而确保学生体育锻炼的方法正确,对卫生保健知识能够掌握,对学生良好品德进行培养。体育课程的基本手段是各种身体练习,包括跑、跳、投等,其主要内容是练习竞技、实用性、健身性技术动作。体育课程对教学内容要科学合理地选择,确保体育教学内容和教育对体育教学的要求相吻合,确保学生基于学习体育课,对体育课程基本理论、基本知识、基本方法、技能等能够掌握,使学生具有一定运动技能。同时,体育课程要求学生具有体育教学能力,对体育运动进行指导、组织、管理的能力,使学生专业素质、心理素质等能够提高,满足社会要求。教育学理论对教学内容的重要性进行强调,明确规定了体育教学任务,为优化体育教学内容提供了理论支持。

(二)主体性教学理论基础

主体性教学理论指出,教学活动的主体是学生。在教育活动中,学生为主体,教师起主导作用。学生基于教师的指导,对外部世界关系进行处理,表现出自主性、创造性、能动性等。体育教育专业的体育教学内容改革要确保体育专业学生的主体特征得到体现,对学生独立自主的能力进行培养,使学生能够对和自身、社会需求联系紧密的教学内容进行选择。教师基于改革体育教学内容的原则方法等,主动积极地对体育教学内容进行加工调整。基于教师的指导,学生通过自身学习,实现自主性、创造性、能动性等特征从内化转到外化,对主体特征的形成起到促进作用。

(三)现代教育理论基础

现代教育理论认为,现代教育的一个基本特征就是不断变革,通过不断变革使其变为教育的本性。变革现代教育使其发展到更高阶段,不断向目标迈进,使方法不断更新,内容不断充实。作为现代教育重要内容的体育教学,其意义是基于体育活动促进学生对体育运动的方法能够掌握并运用,使学生的身体素质提高,身心更加健康。以现代教育理论为依据,融合现代教育变革的需求,不断调整当前体育教学内容,对其内容逐渐更新与充实,目的是确保体育教学内容和现代教育的要求相吻合,使现代素质教育中体育教学的作用得到充分发挥。

第二节 高校体育教学内容资源的选择与优化

一、高校体育教学内容资源的选择

高校教师在进行体育教学设计时,面临的最棘手的问题就是如何选择和安排出最适宜的高校体育教学内容。而教师所选体育教学内容的合理性将直接对教师体育教学设计的科学性产生影响,进而影响整个高校体育教学的效果。

(一)高校体育教学内容资源选择的依据

1. 符合现代学生特点

高校学生的身心发展日趋成熟,这为他们在大学的独立生活和学习提供了必要的生理基础,但他们的心理还未真正成熟,他们的价值观、世界观正处于逐步形成的阶段。高校学生作为已经掌握了一定社会规范、有着较强的独立意识、具有较高智力发展水平的群体,他们有各自的兴趣和需要,对各种事物均会做出自己的分析、判断和选择。这不仅体现在他们有很强的对环境的适应能力和独立生活的能力方面,还体现在他们能够结合所学的专业知识上,通过各种途径,积极参加校内外的社会实践活动,他们期望能够在活动中塑造和锻炼自己。

2. 符合体育课程目标

体育课程内容在实现体育课程目标的过程中,是作为手段而不是目的而存在的。体育课程目标存在多元性的特征,体育运动项目和身体练习也具备可替代性的特征,这都使体育教学内容的选择变得更加多样性,所以选择体育教学内容时必须有标准可以依据。体育课程目标在体育课程编制的过程中,在每一个阶段内都作为教学内容的先导和方向,它经过了多方专家的合理思考验证,对各个方面的影响都进行了认真合理的验证。因此,实施体育教学内容时,目标是必须遵循的。

3. 符合社会发展的要求

学生个体的发展总是与社会的发展交织在一起的。体育教学是为学生的未来健康打基础的,因此,在选择体育教学内容时,就必须考虑现实社会与未来社会的需求。体育教学内容的选择不可忽视未来公民适应社会发展所必需的体育素质,因此,体育教学内容要满足学生在身体、心理和社会适应能力等方面发展的需要。另外,体育教学内容只有与社会生活、学生生活紧密联系,才能真正成为趣之所在、志之所在,才能实现它的育人功能。

4. 符合对终身体育和竞技体育的需求

随着我国人民生活水平的不断提高,花钱买健康已成为一种社会时尚。现代大学生在这种社会环境和终身体育思想的影响下,在追求体育锻炼的健康效益的同时,也开始重视培养自己的体育兴趣和特长,并学习和掌握一些运动知识和运动技能。竞技体育有着鲜明的娱乐性、竞争性和人文性,它所表现出来的竞争意识、团体意识、协作精神、拼搏精神等,都是大学生的身心发展所迫切需要的。

(二)高校体育教学内容资源选择的原则

要选好体育教学的内容,首先就要确定好选择高校体育教学内容资源选择的原则,在高校体育教学内容资源的选择上应有以下几条原则。

1. 基础性原则

在选择高校体育教学内容时,要把握好其基础性。帮助学生有效地掌握体育与健康基本知识与技能,为学生打好身体基础;培养其长期进行体育学习所必需的体育能力,为促进学生身体健康,形成良好的个性,提高体育文化素养,培养终身体育思想奠定坚实的基础。在选择学校体育教学内容时,应注重选择作为一个公民必须具备的体育的基本知识、运动技能和体育能力的相关内容。

2. 教育性原则

进行体育教学内容选择的时候,应从教育的基本观点对体育教学素材进行选择,分析其是否与教育的原则相符,与社会的固有价值观是否同步,要明确分析它是否有利于学生的身心发展和身体锻炼。体育教学内容必须与体育课程的主要目标相匹配,确立"健康第一"的指导思想,并以此作为体育教学内容当中最基本的出发点,同时看重其中的文化内涵,在学生学习体育技能的同时更能深刻体会到体育文化修养带来的益处。学校体育在培养学生时应首先考虑对学生的品德、智力、体质等方面的全面发展是否有利,将理论与实际结合起来,在使学生了解人体科学知识的同时真正锻炼身体,还要在思想文化等方面下功夫,使其在德智体美全面发展。体育教学内容的选择对于不同学段学生的发展特点和规律都要充分考虑到,其个体差异与不同需求将会在其中起到很大的作用,所以充分考虑能够确保每一位学生受益。

3. 科学性原则

选择教学内容要注意健身性和兴趣性,但这并不意味着未来的体育课程就不关注教学内容的科学性。这里讲的科学性有三层含义:一是教学内容要有利于学生身心的协调发展。有些内容有利于学生身体健康,但不一定有利于学生的心理健康,反之亦然。教学内容要努力使学生在愉快的活动中促进身体的发展。二是教学内容要有利于学生了解科学锻炼的原理和方法,从而增强学生锻炼的自觉性和积极性。三是教学内容本身的科学性。由于今后国家对教学内容的选择不做具体的规定,要注意防止一些不科学的活动内容进入高校体育课堂。

4. 实用性原则

学校体育教学内容在选择时必须注意其内容的实用性。学校体育教学内容要具有鲜明的生活教育色彩,在充分反映社会发展要求的同时,也要适应社会发展的趋势。学校体育教学内容的选择应有利于培养学生对体育的兴趣爱好和实际从事体育运动的能力,并能为学生走上社会继续进行体育锻炼服务。因此,在选择学校体育教学内容时一定要注意既要打好基础,又要选择大众喜欢的、社会上比较普及的,并有很好的健身娱乐效果的项目进行学习。

5. 趣味性原则

兴趣是帮助一个人学习的最好的老师,因此在进行体育教学内容的选择时,根据学生各方面特征尽量选择他们感兴趣的、有趣味的并且在社会上比较流行的体育素材作为教学内容。毫无疑问的是大多数竞技运动项目的健身价值和教育价值是不可低估的,然而,长期以来,体育教育工作者往往更加关注竞技运动项目教学的系统性和完整性,用培养运动员的方法进行体育教学,效果却适得其反,导致很多学生开始厌恶体育课。

二、高校体育教学内容资源的优化目标

(一)满足学生的体育需要

满足学生的体育需要,提高学生身心健康水平是体育教学过程中的首要目标,同时也是高校体育教学内容资源开发中的首要目标。在进行高校体育教学内容资源的开发时,必须以满足不同学生的体育需要为前提,才能让学生更好地接受。另外,学生在体育方面需要学习的东西很多,远非体育课程所能包揽,因而必须在可能的高校体育教学内容资源范围内,在考虑开发成本的前提下突出重点,精心选择那些对学生终身发展具有决定意义的高校体育教学内容资源,使之优先得到开发。

(二)高校体育教学内容现代化

随着现代社会的发展,人们的运动品位、喜爱从事的体育活动以及在学校体育中的运动项目选择均在悄然发生着变化。从近些年的变化来看,新兴体育运动与传统体育运动可谓各领风骚、争奇斗艳。在不同大学生人群中均拥有各自的爱好者群体,传统的篮球、足球、排球、乒乓球、田径参与人数相对稳定,以往参与者偏少的游泳、羽毛球、网球、棒球等冷门项目参与者数量激增,而一些以往开展较少的运动项目,如散手、国标舞蹈、瑜伽、体适能锻炼、轮滑、滑板、自

行车、橄榄球等新型运动项目,在高校也涌现出许多爱好者。新型运动项目不断推陈出新,并呈现明显加速发展的态势,这对于乐于尝试新事物的大学生来说,其吸引力是不言而喻的,而大学生在厚爱这些新项目的同时,对于传统优势项目的参与热情不减。

(三)形成高校体育教学特色

在高校体育教学内容改革时,还有一个重要目标就是要致力于形成各个高校的体育教学特色,并要提高新体育教学内容在高校教育中的适应性。不同高校,其学校性质、办学条件和教育理念、学生的发展基础等实际情况都会存在一定差异,在其拥有的体育教学内容资源的数量、性质和具体结构等方面也会有所不同。因此,我们在开发体育教学内容时,不能只追求体育教学内容资源的统一性,还要努力保持不同地域间高校的体育教学内容资源的丰富多样性,把各个高校所拥有的不同体育教学内容资源变成特色资源来进行开发。只有形成特色,才能使一个高校的体育教学内容资源开发具有旺盛的生命力。

三、高校体育教学内容资源的优化措施

(一)转变传统的教学思想,树立教学创新观念

高校学生身体状况呈现"亚健康"的现状已成为不争的事实,调研发现这和学生对体育课程的不重视有很大关系。要想改变高校体育的现状,就要从根源上解决问题。"生命在于运动"的基本思想,既体现了体育的重要性,也体现了运动对健康的有利影响。所以高校要将体育和素质教育更好地融合起来,树立教学创新观念,实现"健康为首,素质第一"这一素质教育的最终目标。在这个过程中,高校应推动体育教学内容的改革,建立适应社会的体育教育体系。现代不同教育思想的融合也为这个体系的建立带来了更多的可能性,而且体育教育要延展到校外,帮助学生树立正确的体育价值观,促使他们积极主动地参与体育活动,形成健康的生活方式和经常参加体育活动的优良习惯,使学生形成终身锻炼的意识。在此基础上,高校体育教学要进一步开发体育的教育功能和娱乐功能,培养学生高尚的道德品质,陶冶情操,加深学生对体育文化本质的逐步认识与深化,将体育文化作为沉淀学生文化底蕴的重要基础之一。

（二）整合教学内容资源，完善教学内容体系

1. 实践性与知识性的融合

体育教育本身就需要实践性与知识性的融合，这样才能实现体育教育的目标。通过实践，学生在使身体的各个部位得到锻炼的同时感受体育的乐趣和品格的养成。这些又依赖于教学内容实践性与知识性的融合，一方面，需要通过基本理论知识的讲授；另一方面，更重要的是强化在实践中的体验和理解。高校体育教学内容体系就是教学内容实践性与知识性的有机融合。

3. 健身性与文化性的融合

体育教学区别于其他课程的非常重要的一点就是它的健身性的表现，这也是体育教学本质属性的反映。文化是人类认知世界、改造世界和适应环境的产物，在这层意义上讲，体育本身就是一种文化现象。这种文化性就要求体育教学内容对提高学生体育认知有促进作用，更要体现对体育道德进行良好的熏陶作用。所以体育教学内容体系的健身价值和文化内涵都可以在健身性与文化性融合中反映出来。

4. 民族性与开放性的融合

体育的形式和内容在很大程度上与一个国家与地区的民族传统文化和民俗有重要关系。现代社会流行的很多竞技体育项目都带有民族色彩和区域特点。高校体育教学内容体系要彰显民族性就要吸收我国优秀的带有民族特色的运动项目，发挥它们强身健体的功能的同时，彰显其优秀传统的教育效应。我国高校也要保证体育教学内容的开放性，允许它接受来自不同文化和领域的影响，保障优秀的民族体育内容的传播和对世界优秀文化内容的兼容吸收，形成一个有机整体，完善教育教学的内容体系。

5. 继承性与发展性的融合

各高校在体育教学中加入我国历史上优秀的传统体育内容是十分必要的。这样既可以使我国传统文化和宝贵的文化遗产得以继承，也可以极大地丰富现阶段的高校体育教学内容，而这也体现了体育教学内容的继承性与发展性融合的特点。

6. 统一性与灵活性的融合

由于体育教学内容体系是需要面对全体学生的，体育教学内容必须有一个

统一的标准,这样就可以为高校体育教学设定一个比较规范的目标。但这并不意味着它是整齐划一的。

第一,我国国土辽阔,各个地区的教育发展状况参差不齐,教学的基础也不在统一的起点上。第二,学生自身的身心发展状况存在差异,其体育基础与接受能力也是不同的,即便是同一年龄的学生也会表现出明显不同的特点。所以教学内容不能整齐划一,要留有余地,要灵活应对各种状况。具体的教学内容体系的构建,要依据当地的教学条件与学生的特点灵活地选择,这样才能使所有学生的身心都能得到全面发展。

7. 学生主体需要与社会需要相融合

科学合理的高校体育教学内容体系,应该能够贴近社会和生活,这样才能与学生的身心发展相适应,使不同年龄阶段、不同发展水平的学生能够在科学的体育教学体系中得到应有的锻炼,并逐渐使之成为社会所需的人才。科学的体育教学体系与社会的需要有机地、客观地相融合,既能满足学生主体发展的需要,也能满足社会的需要。

(三)开发、利用体育课程资源

体育教材是体育教学工作重要的信息承载媒介之一,也是体育教学体系的重要组成部分,为体育教师开展教学活动提供了科学的理论基础和实践依据。高校体育教学工作面向的是全体学生,教材的编写不仅要强调让学生掌握运动技能、增强学生体质、促进学生身心的全面发展,更加要注重现代社会对人才规格的其他需求,培养学生团队精神与创新思维,使其能够适应现代社会快节奏、高效率的发展状态。全民健身运动的深入发展要求体育教学活动在内容设置方面要贴近生活,能够为学生走出校门,进入社会后继续参加体育活动提供技术基础。高校体育教学选择并使用的教材基本上都是统编或自选教材,都非常规范。但从这些教材的具体内容来看,其过于注重学生掌握体育项目的动作技能,运动伤害的预防与安全措施不健全,缺乏体育文化的渗透。由于场地的不足和教学任务的不够合理以及高校的重视程度不够,高校体育教学很难开展一些技术、技能含量较高的体育运动,也就对学生身心的关注不够。教学内容难以满足学生实际的兴趣,枯燥无味的教学模式造成过于简单、过于复杂的两极分化局面,不利于学生形成运动习惯和理解体育文化。高校应该组建专业团队,融合全民健身运动的大背景和学生体育运动需求,融入特色体育文化,编写实用性强、图文并茂、结构合理的高校体育教材。

高校体育课程的教学手段和方法是高校体育教学体系与结构组成的重要部分。不同历史社会发展的阶段所涉及的体育教学的思想理念、基本原则是不相同的。因此,不一样的年代对体育教学手段与方法的实际运用也是不同的。只有正确了解体育教学手段方法的选择依据,选用科学的体育教学手段与方法,才能实现体育教学目标,为素质教育和教育教学改革服务。现代化、科学性的教学手段和方法的选用要以启发学生灵感、激发学生学习体育知识与技能的兴趣、实现师生互动交流为出发点,使体育教师在接收到学生积极反馈的同时,更好地实施体育教学活动的下一步工作,科学高效地完成体育教学任务,最终实现教学目标。

在高校体育教学过程中,体育教师要勤于思考、勇于探索高校体育教学本身的内在规律,运用先进的互联网技术,将传统体育教学方法与现代教育技术充分融合,启发学生思考问题,激发学生学习体育课程的热情。当然,新的教学模式对体育教师的要求更高,需要体育教师不断学习,掌握先进的教育技术,孜孜不倦、开拓创新、努力奋进,抓住新时代体育教学方法的脉搏。高校要将使用现代教育手段与方法所需的物质条件纳入学校经费预算,购置先进的教学设备,全面强化体育教师掌握先进教学设备和方法的能力,为先进教学手段与方法在体育教学过程中的广泛应用奠定基础。

(四)创设良好的多元教学情境

20 世纪 80 年代末,在西方兴起的建构主义思潮试图从新的视角阐述对知识、学习和教学的观点和看法。在建构主义者看来,知识具有建构性、适应性、社会性、情境性和复杂性,是由个体所建构出来的,学习是个体通过参与、活动、对话、协商、交流等方式建构意义的过程,而不是从世界中发现意义。相应地,高校体育教学主要是为学生创设环境,建立"学习共同体"和"学习者共同体",鼓励学生主动参与教学活动和积极探索问题的答案,从而建构知识、创造意义、营造多元环境等。总之,建构主义特别强调良好的多元教学情境的创设。

高校体育教学是教师、学生、内容和环境互动的结果。然而,在传统体育教学观看来,教学是确定的、预设的、静态的知识授受活动,它强调体育教师对教材内容的"忠实传递",体育教师所做的一切仅仅是为了最大限度地按体育教材编写者的意图把体育教材内容原原本本地传递给学生,学生只需要规规矩矩地按要求"复制"和"再现"教材内容。受建构主义、后现代主义及新知识观的影响,当前的教学观念发生了极大的转变。多元教学观认为,教学是不确定的、非预设的、动态的知识建构与创生活动。在这个过程中,体育教师不再是"扬声器",而是引导学生积极建构知识、能力、情感态度与价值观的引导者、促进者和合作者;学生不再是"应声物",而是在体育教师的引导与帮助下主动建构知识、发展能力、发现意义等的积极建构者与创生者。

多元教学观尤其强调体育教学情境的创设,因为只有在宽松、和谐、积极、民主、生动的教学情境里,学生才敢于质疑、批判,不惧怕犯错误;也只有在这样的氛围里,学生的思维才主动、灵活,创新意识和创新能力才比较强,才更有利于学生的全面发展。体育多元教学情境的创设特别重视在教学过程中通过师生互动、生成的教学内容。通过交流、交往、对话创生的多元教学情境下产生的教学内容是整个体育教学内容的一部分,它更多的属于隐性体育教学内容,对体育教师和学生改善当下的生存状态,体验生活的丰富多彩和生命的活力,以及体现自身的价值都有着非常重要的作用。这些隐性体育教学内容的教授与习得大多不是通过师生传、受的传递方式,而是在特定的多元教学情境下由体育教师和学生通过非言语的交流方式获得的。这部分体育教学内容的教授和习得更加依赖和仰仗于良好的多元教学情境。综上所述,创设良好的多元教学情境是体育教学内容优化的一个必不可少的外围策略。

(五)通过多种途径提高教师素质

改革开放以来,我国社会、文化、经济发展迅速,特别是知识经济新时代的到来,社会各阶层人士对教育赋予了新的内涵,出现了一大批新的教育理念和思想。教师作为人类灵魂的工程师,不仅仅要做好传授知识、传播文化的工作,更为重要的是要履行好社会道德伦理榜样的责任。教师不仅对学生心理健康、思想道德具有直接或间接的影响,还对学生坚强意志品质的重新塑造具有颠覆性的影响。在日常体育教学活动中,学生是学习主体,教师是最核心的引导者,建立一支优秀的体育教师梯队是体育教学工作的首要任务。身为人师,品德是根本,也是体育教学活动的根本出发点。体育教师在课堂上的一句话、一个行为甚至一个有心或者无心的眼神都会对学生产生潜移默化的影响。体育教师在教学中必须肩负起教书和育人两项艰巨任务。因此,高校要注重体育教师的师德培养,大力开展各类教师培训活动,如利用专业教育领域的互联网论坛、网络直播等,邀请学术领军人才来高校举办讲座或学术交流活动等,对体育教师进行思想政治教育,端正其教学态度,更新其体育教育教学理念,提高其思想觉悟,激发其工作积极性,使其建立体育教学工作的神圣感和责任感。

第三节　高校体育教学内容资源优化之生活化选择

为更好地实现学校体育"享受乐趣、增强体质、健全人格、锤炼意志"这一"四位一体"目标,对于高校体育教学工作的开展,在选择教学内容资源时,也应以此目标为出发点,优化高校体育教学内容资源,使高校体育教学内容更贴近学生的生活,从而更好地激发学生的学习兴趣。

一、高校体育生活化教学的特点

(一)情境性

高校体育生活化教学在教学过程中注重设置情境,使学生在情境中学习。多元智能理论认为,充分提供情节背景下的学习是最有效的。体育生活化教学正是一种在生活背景下的情境化学习。体育生活化教学是以学生生活作为教学的知识建构的根基,重视学生原有的知识技能和经验对新知识技能的建构作用。课程的选择应根据学生已有的知识和经验,而教学的过程是已有知识和经验的情境化再现过程。这样,在学习内容与学生体验之间建立了紧密的、直接的联系,使新学内容能被较快地纳入学生原有的认知结构,并能够被学生真正理解,这是优化学习过程的有效途径。对此,体育生活化教学正好可以发挥它独特的优势。因为体育生活化教学注重生活情景的再现,学生能通过现实生活产生的生动情景画面而很容易联想到有关学习情境,使运动技能真正学以致用,并且不断地改善生活。

(二)开放性

体育生活化教学的开放性体现在开放的教学思想、开放的教学内容、开放的教学环境、开放的教学手段、开放的教学评价,在开放中落实体育学科的素质教育、创新教育和终身教育。学校设置体育课的最终目的是增强学生体质,使

2

高校体育教学资源优化与管理

学生成为身心健康并具有良好社会适应能力的完善人才,并不是为了学生的升学考试成绩,因此,它更有可能实现对教学的开放。具体来说,体育生活化教学使教学课内外联系,校内外沟通,学科间联系。体育生活化教学应以课堂生活为中心,其外延延及学生的社会生活、情感生活、道德生活、审美生活等生活空间的各层面。它的核心是将体育教学与学生的社会生活密切联系,使体育能够成为学生终身受益的技能,以体育课堂教学为主体,兼顾多样化的课外活动。既包括有一定的基础和基本技能的训练,又包括有计划、有组织地开展形式多样的体育学科课外活动,充分利用学校、家庭、社会所营造的体育环境学习。在课程的开发上,体育生活化教学允许教材具有开放性和弹性,给学校、教师留有开发和选择的空间,这也正与教学改革中体育课程没有固定教参相呼应。体育生活化教学应开放体育课程结构,使多学科渗透融合;开放体育课程实施方法,教师和学生都是教学过程的参与者,最终实现开放性课程目标,培养知、情、意全面发展的人才。体育生活化教学的开放性意味着教学并不是完全按照事先设计的教学程序现场展开(尽管教师在授课前的教学设计是十分必要的);意味着教学的即时性、突发性、灵活性、民主性和创造性;意味着教师对突发事件的恰当处理、对教学节奏的及时调整、对教学内容的多样性和教学对象的差异性等的正确对待;意味着教学的真正目标是为学生的发展提供机会,体现"以人为本"的现代教学理念。

(三)主体性

体育生活化教学应尽可能多地涉及更多领域,使在体育活动中的不同个体能够获得展示自身特殊才能的机会,达到面向全体,因材施教。体育生活化教学能够从尊重学生的角度出发,从学生的全面发展角度出发,给予学生足够的学习时间和空间,把学生的个人经验和经历看作重要的课程资源,鼓励学生对所学知识的自我理解和自我建构,尊重学生的个人感受和独特见解,使学习过程成为一个富有个性的过程,使课堂充满生气和乐趣。体育生活化教学是建立在学生的生活基础之上的,没有学生主体对生活的感受和体验,没有解决实际生活问题的经验就谈不到体育生活化教学。学生的学习过程和方法是自主经历的,学生的情感、态度和价值观是自主养成的,这些都与学生的生活紧密联系在一起,是源于生活、用于生活的。学生是学习活动的主体,教师不仅要从教育学角度去理解,还要从心理学的角度去理解。人的心理活动存在着三个彼此联系、相互影响的组成部分——认知、情感、意志，但在应试教育的背景下，则被限制得只剩下认知一项，造成了残缺不全的心理定式。因此，在课堂教学中，唤醒学生的主体意识是促进学生主体发展的首要条件。教学中，教师只有尊重每个个体的特点，让每个个体的特殊才能得到充分展示，才是真正意义上的尊重个性的表现，是关注人的个性化发展的体现。21世纪需要各种各样的才能和人格的个人，而不只是需要杰出的个人。

二、高校体育生活化教学应遵循的原则

(一)生命性原则

体育生活化教学应提供对生命个体多元化的经历和体验，激发其生命的活力，促进生命的不断超越，引导生活不断走向完满、和谐。现行的体育教学仍然注重功利和利益，以考试主导一切，高校体育课程学分制更是控制着体育教学，以学分为最终目标，忽略学生和教师作为生命个体存在的意义。体育教学应该是生命与生命的交流，应创造生活的激情，发现和激活学生的生活体验；让学生在生活中感悟生命，自我教育、自我激励，从而提高生活的质量。这一切都是为学生现实和未来的生活。体育生活化教学的目的是帮助学生个体掌握了一定运动技能和体育知识，促进其身心以及社会适应能力得到发展后，去发现和创造更理想的现实生活，寻找更普遍更富有价值意义的生命形态。课堂教学要以生活为中心，特别要以学生现实生活为中心，让教学充满生活的情趣，充满生动、充实的精神生活和生命活力。加强体育教学与现实生活的联系，既从生活中体验体育学习，又回馈给生活，发展自我，改善生活。

(二)成功性和幸福性原则

教师应尊重学生的个性，适应学生的心理发展，保护学生的兴趣爱好，挖掘学生的创造性，让每一个学生在课堂教学过程中获得成就感和幸福感，增强其学习探究的信心和希望。著名教育家乌申斯基说："教育的主要目的在于使学生获得幸福，不能为任何不相干的利益而牺牲这种幸福，这一点当然是毋庸置疑的。"体育教学是师生双方互动交流的具体过程，包括肢体和语言等的交流。在体育教学过程中应渗透幸福，体育教学不仅是创造幸福的手段，其本身也是享受幸福的过程——在课堂上战胜挫折、经历胜利的喜悦等。教师在课堂教学

中的幸福感主要建立在学生的成长、发展的成就感上,同时要求教师具有提高幸福的意识和能力。创设成功的机会,使学生在学习中体验成功的快乐,只有学生拥有成就感才能进一步激发学生学习的兴趣,提高学生学习的积极性。教师要看到学生的不足,并创设条件发展他们的各种能力。当学生取得成绩时,教师应及时表扬,充分肯定进步,让学生体验成功和收获成就感后而喜悦,产生积极愉快的情绪体验和幸福体验。

(三)全面性原则

体育生活化教学应依据不同年级学生的身心特点而建构,体现分层次的课堂生活模式。教学要面向全体学生,但由于学生个体存在差异,教师应从学生的实际出发,关注学生的个体差异并因材施教,使每个学生在原有基础上都得到相应的发展,为社会培养各种类型和各个层次的人才奠定良好的基础。教学要注重学生的全面发展,要让学生在全面掌握技术技能的基础上,注意与体育教育精神的有机结合,促使学生健康个性、良好心理品质以及良好的社会适应能力等素质的养成。

(四)艺术性原则

体育生活化教学应精心设计,给学生以美感,满足学生对体育不同层面的审美要求,使学生主动参与课堂教学。在富有生动艺术气息的课堂氛围中,师生经历的是积极的情感体验、审美发展的快意、满足审美后的愉悦以及掌握知识技能的快乐,师生在课堂教学中要实现教学、审美的和谐统一。

(五)开放性原则

教师应放开学生,让学生自己去选择适合自己的项目进行锻炼、开展探究性学习,使教学内容放眼社会、着眼未来,具有开放性。教学空间也可开放到校外的其他社会场所,如学校周边的小区等。

(六)发展性原则

教学要着眼于学生在未来能适应社会发展,既关注学生全面和长远的发展,又关注学生潜在能力的发展。教育的最终目标是人的发展。教学要立足于学生身心及社会适应能力的发展,重视学生创造能力的培养和潜能的开发,使学生的素质从低层次向高层次的发展。教师在体育教学中,既要用发展的眼光看待每一个学生,又要着眼于学生的不同发展,使每一个学生都有机会充分地展示自己的才能;既要促进学生全面发展,又要在师生共同发展的基础上,使每一个学生的个性得到健康的发展。

三、高校体育生活化教学的开展

体育生活化教学的实施从本质上说是创造性的,我们很难为高校体育教学提供一个统一而标准的教学模式。教学改革也不可能一步到位,只能在不断反思中优化,最终达到培养完善的人的目的。

(一)体育生活化教学开展的途径

1. 教师首先要树立"生活在先"的教学观念

生活是智慧的源泉,如果离开生活的启迪,学生就失去了生命的活力。在体育生活化教学过程中,教师必须首先确立学生"生活在先"的教育观念,将教学植根于丰富的生活中,教学内容与学生生活密切相连;通过教学活动,从不同的角度、以不同的方式帮助学生把握体育与创造生活;充分调动学生多方面的才能,使学生能在体育课堂上得到充分发展的机会,提高学习活动的质量,在真正意义上保证学生的全面、综合发展。

教师要确立生活化的态度,站在与学生平等的位置。在教学过程中,教师既是引导者和参与者,又是学生的朋友和知音,彻底改变传统教学模式中僵化的主动与被动、压制与被压制、权威与服从的师生关系和教学关系。教师应尊重学生个体的个性发展,把热爱、微笑、激励、宽容送给学生,用自己的情感激励学生,用贴近生活的风趣、幽默和独特的人格魅力来感染学生。学生从教师的风格、态度中获得新的体验,积极主动、大胆热情地探索和学习。这样,师生关系更为亲近、和谐,减轻了学生的学习压力,学习环境更为宽容和自由,真正的交流和对话也因而成为可能,为实现最佳的教学效果和理想的教学目标打下良好的基础。

2. 教学目标要着眼于"为生活"

《体育与健康课程标准(2017 年版)》中提出:"体育的课程目标有提高对个人健康和群体健康的责任感,形成健康的生活方式;发扬体育精神,形成积极进取、乐观开朗的生活态度。"体育教学的目的不单单让学生掌握一定的动作技术技能,更重要的是让学生将体育作为一种生活方式,并由此形成良好的生活态度。教师要科学地拟定教学的认知目标、情感目标和意志目标;注意激活学生已有的生活经验,避免与学生生活实际脱节,在已有的知识经验的基础上,围绕课堂教学内容重构学生的体育世界与生活世界。学生对课堂知识的内化、价值的体验是以自己已有的知识和生活经验为基础的。体育教学就要激活学生已有的生活经验和知识,搭建教学与生活的桥梁,引导学生感受生活与生命的重要意义。

3. 教学内容关注生活世界

(1)发掘生活化的课堂资源

体育是非生产性的,既不能直接产生劳动价值,也不能直接创造物质财富。虽然有一部分体育技术由生产劳动技术移植而来,体育可作为传授劳动技能的辅助手段,但是体育的本质是属于生活的。体育教学要广泛采撷各种各样的课程资源,创造性地理解和使用教学资源,拓展学生学习的空间。

①充分发掘学生本身的课程资源。每一个学生是充满运动智能的生命个体,具有探索生命意义、创造生活体验和感悟人生智慧的生命热情。教师应充分发挥学生的主观能动性,创设条件,让学生在情境中思考和感悟生活的真谛,进而丰富学生个体在体育教学中体会到的情感和思想认识。

②充分利用学生生活中的课程资源。学生的生活世界是丰富多彩的,这些资源存在于学校、家庭、社会,取之不尽,可将其应用于体育教学。

③充分发掘教学环境的资源,力求每一寸空间释放出温馨的生活气息。例如,让学生自由结成小组或者不受原先四列横队或者几列纵队的束缚,为学生创造一个便于交流、互动、对话的学习环境。这样的生活化了的教学环境就是一个微型的社会,学生在这样的环境里,开展的不仅是学习活动,学到的也不仅是知识、技术和技能,更培养了积极探索的精神、塑造了合作探究的品质。

(2)拓展生活化的素材空间

教师在材料与学生的实际生活、心理状况、情感经验和生活阅历之间建立有效联系,从而激发学生的学习兴趣,满足其精神生活的需要,使学生与素材之间产生共鸣,同时对学生的实际生活起到切实的改良作用,学生更容易接受,也乐于接受,这也是发挥学生学习主体性、主动性的前提条件。由于学生受生活阅历所限,在体育生活化教学中教师必须借助于生活情境的创设,再现与教学内容相关的生活画面,拓展教材的内容,使学生身临其境。教师可以拓展课堂时空,把过去、现在、未来的有关知识浓缩在一起,将学生已有的生活经验进行整合;也可以利用现代教育媒体,把距离学生较远的生活世界提供给学生理解体验,提高学生对生活的理解和感悟。

4. 教学过程更加强调学生的生活体验和感悟

体育生活化教学要从学生的经验和体验出发,密切知识与生活之间的联系,引导学生不断地观察和体验真实的社会生活,在实际生活中体验、发现并综合运用各种知识解决问题,提高学生参与社会实践的能力。体验应以生活情景为依托、以生命存在为前提。在体验中学生往往会自己去领悟生命和体会生活的意义,探寻生命存在的价值。学生一旦在丰富的教学情境中体验或感悟到生命的价值和意义并将之内化,形成一定的态度、价值和信念等,进而将之转化为教养,这对实现体育课堂综合而全面的教学目标起到相当大的作用。体育生活化教学的情境源于生活,又高于生活,是对生活情境的概括和提炼。因此,体育教学既可以建立在以生活情境为背景的基础上,又可以建立在教学情境的基础上。学生对教学情境的体验既可以产生积极的情绪情感体验,也可以产生消极的情绪情感体验。也就是说,体验教学的展开,既可以由消极的体验入手,从中引导学生走向积极的体验,也可以由积极的体验入手,让学生在体验中领悟到人生的价值和意义。

(二)构建以学生丰富多彩的活动为中心的体育生活化教学内容

教师依据教学目标和教学内容精心设计一系列丰富多彩的体育活动,把体育活动贯穿于教学的全过程,使学生最大限度地处于主动性激活状态。具体环节包括列举与体育相关的生活事物或事例、提出问题、形成动作技术技能的基本知识、进行丰富多彩的活动等。

1. 列举与体育相关的生活事物或事例

列举与体育相关的生活事例这一环节,教师主要是指导学生讲和听体育与生活有具体联系事物与事例,引导学生思考,激发学生求知欲,创设一个和谐、轻松的教学情境。

目的:通过列举学生熟悉的生活事例,调动学生学习情感,引导其对学习的关注。

内容:在学习起始阶段创设一种有利于学习的情境。

手段:引入多种媒体教学手段,创设生活情境。

方式:从学生的生活、需要或者已有经验入手,选择看、听、讲等方式构建情境。

要求:①教师必须以积极饱满的精神状态投入教学,以带动学生的情绪,保证良性教学氛围的形成;②尽量将教师的教学目标转化为学生自我需要的学习目标。

以"前滚翻"为例(接下来的例子都将以"前滚翻"展开),通过列举生活中很多滚翻动作,如熊猫的滚翻动作、马戏团棕熊的滚翻表演、海豚在水中滚翻……让学生对滚翻动作有一个初步的认识,再以圆形物体的滚动和方形物体滚动的对比演示,让学生进一步体会滚动所需要的条件。

2. 提出问题

在感受与体育相关生活事例的基础上,学生对学习内容会产生一定的兴趣,在头脑中产生"为什么""怎么做"等问题,教师应及时抓住此时学生求知的心理,引导学生学会发现问题、提出问题,将生活经验转化为动作类技术技能问题,并尝试找到解决问题的方法。

目的:将生活经验转化为动作技术技能问题,尝试找到解决问题的方法,养成善于发现和探索的好习惯。

内容:在感受生活事例的基础上,引导学生学会发现问题,提出问题。

手段:感受、观察生活实例。

方式:教师要善于在合适的时机对学生点拨、诱导,运用各种方式启发、激励学生,并让学生自己思考、尝试,随后发现问题、提出问题。

要求:尽可能由学生提问。

例如,在观察了一些直观物体的滚动后,学生会将熊猫、棕熊等的滚翻迁移到圆形物体的滚动上去,此时教师可引导提问"圆形物体滚得快还是方形物体滚得快",随即引入所要学的前滚翻。

3. 形成动作技术技能的基本知识

在学生通过观察、模仿后,相互交流、相互补充、相互讨论,教师对关键性的内容和对学生自己不易认识或不易完全认识到的内容进行精讲和强调,形成对动作技术技能的认知。精讲要讲重点、讲难点、讲原理。讲解是引导式的,引导学生在整个过程中逐步对动作的完整过程理解认识。

目的:使学生初步掌握动作技巧,在简单实践后发现问题总结问题。

内容:对关键性的内容、对学生自己不易认识或不易完全认识到的内容进行精讲和强调。

手段:教师通过语言和示范完成从生活事例向动作技巧知识的转换。

方式:在学生对生活事例的归纳后总结此技术动作的重点、难点以及教师作为课堂指导者给予学生的提示。

要求:①对动作的技术结构有较清楚的理解,能较为准确地完成动作;②教师要指导学生理解动作,理解技术结构。

4.开展丰富多彩的活动

活动是教学过程的中心环节,更是体育教学的中心环节。开展各种以教学内容为中心的活动,使学生在自主活动中学习、发展。通过活动,学生感受丰富的教学生活。通过活动,反馈学生理解和领会所学内容的程度。通过自主活动,学生将学习内容内化,提高素养。在活动中,教师应及时进行点拨、纠错、互动,引导学生进行发散思维,引导学生思考如何将所学运用到实际生活中,让学生运用知识解决实际问题。

目的:促使学生进一步对学习任务产生更直接的体验,或因产生的新疑问或新认知的需要,在活动中体验与同学的互帮互助,体验克服困难、解决问题的情境,树立学以致用的思想,促进学习能力的提升与学习情感的培养。

内容:学习"前滚翻"可联想到向不同方向的滚翻,教师围绕教学内容引导学生创设生活情境,在情感体验性学习方面侧重直接经验与相应情感的产生;在技能性学习方面侧重加深对动作的掌握和运用;在体育精神的培养方面,随机应变地进行教育,使之与学生情感产生共鸣,推动他们去关心现实、了解社会、体验人生。

手段:多种实践活动和教学手段的结合。

方式:把"观察""操作""讨论"等活动形式组成有层次、有步骤的活动结构,拓展认识深度和广度,促进学生主体外部活动与内部活动不断双向转化,使教学内容真正内化。

要求:①合理设计学生活动方式和顺序,调动学生多种感官介入活动,操作性要强,要求要明确,提高学生各种活动的内在质量;②对不同层次的学生提出分层要求;③确保学生活动时间;④开展各种活动,加强师生互动,如教师做出激励性、欣赏性的反应,然后提出中肯意见。

例如,教师引导学生思考在生活中哪些情况下会运用到"前滚翻"这个技术动作,学生会争相回答:"骑车时""前面有阻碍物并要相撞时""排球比赛中为了救球"等；教师利用学生的生活经验创设生活情境，如在生活中遇到危及情况时，可在练习垫上放上一个软体阻碍物，让学生试着用前滚翻的原理超越阻碍物，如此学生更深刻的理解动作并且学会生活中一个应急的措施，对学生在生活中遇到问题和困难时的态度上起了一定的积极作用。这样的课堂教学，气氛活跃，学生兴趣高涨，学生对教学内容印象深刻。

5. 衍生内容的学习与应用

这是一个教学过程中发展性的重要内容，主要指与主要教学内容相关联的内容的补充，灌输一些与体育生活小常识或者浅显的与教学内容相关的规则等，起到在今后的生活中使学生能够合理运用所学、为自己未来生活服务的作用。

目的：使学生从另一个角度或多个角度理解学习的技能技术。

内容：指与主要教学内容相关联的内容的补充，灌输一些与体育生活小常识或者浅显的与教学内容相关的规则等。

手段：通过讲解、演示和操练等教学手段完成。

方式：把"观察""操作""讨论"等活动组成有层次、有步骤的活动结构，扩大交往广度，拓展认识深度和广度，促进学生主体外部活动与内部活动不断双向转化，使教学内容真正内化。

要求：①衍生内容的深度要与考虑学生水平以及与教学内容的相关度等因素；②尽可能地让学生能够有操练机会。

例如，在讲解篮球三步上篮时可引入篮球比赛中比较常见的篮球规则走步加以手势的讲解，让学生能直观地了解走步并能同时更深刻地理解三步上篮这个动作技术；又如上述讲解的前滚翻，可能在过程中会有同学因对动作的掌握不当而造成一定的擦伤，教师可讲解日常生活中遇到类似轻微擦伤后的简单处理等的一些安全保健知识。这样的教学即使学生因觉得贴近生活而感到亲切感，也使其容易接受知识并将知识内化，学以致用。

四、高校体育生活化教学过程中应注意的问题

(一)切忌空洞的热闹

作为课程中表示体育新的发展方向的"快乐体育"理念，即在快乐中学习、在笑声中学习，体育课堂成了玩乐课堂、戏剧课堂、舞蹈课堂、小品相声课堂……

这样的课堂教学虽然氛围活跃,但是忽略了体育课最根本的教学目标,一堂课下来虽很热闹,但学生收获很少。体育教学改革不能为了改而改,改革的最终目的是让学生得到更好的发展,为了改革而破除一切是不合实际的。学生与动作技术技能的直接接触是体育课堂不可或缺的组成部分。教师应引导学生学习和掌握动作技术技巧,并且在此基础上辅以各种有效的活动,最终指导学生在生活中合理运用所学。

(二)避免虚假课堂

真实是体育生活化教学的重要方面。一方面,课堂本身就是师生现实生活的最重要的组成部分,体育生活化教学要真实,教学本身不是师生的教学表演,要避免教学生活的形式化、表演化、虚假化,否则将对学生的心理产生负面影响,造就双重性格的人;另一方面,教学过程是教师和学生共同经历的生活。在实施课程教学过程中,师生之间应建立一种对话和合作关系,教师引导学生主动参与、积极探究、自主思考,培养学生搜集和整理信息、分析和解决问题以及交流和合作的能力,也有助于培养学生不断进取、追求创新的品质。

(三)防止生活经验替代

每个人的世界观是不同的,每个学生个体对于生活的理解和感悟也是不同的。在体育教学过程中,教师切忌把自己的想法强加给学生,以为自己的情感体验就是学生的情感体验,即教师不能用自己的生活体验代替学生的生活体验。学生有自己独特的生活经历,无论能否达成一致,教师都要尊重学生个体的思想情感。

第四节　高校体育教学内容资源优化之趣味化选择

基于"享受乐趣、增强体质、健全人格、锤炼意志"的学校体育目标的要求,高校体育课程教学必须促进和实现大学生对体育的热爱和运动习惯的养成,必须打破内容陈旧、缺乏竞赛、技能低下、学生感受不到乐趣的不良状态。因此,必须注重趣味性体育教学内容资源的选择,使学生通过体育课堂的学习,能够享受乐趣,在快乐中学习、成长与提高。

一、趣味体育与趣味体育教学的定义

(一)趣味体育的定义

邹师在《趣味体育的概念及创编原则与方法》中提到,趣味体育概念形成于20世纪80年代初。由于自发形成和借鉴国外娱乐体育的缘故,出现多种叫法,概念也比较混乱,如"大众体育竞技项目""趣味运动""趣味体育""夺标运动""趣味夺标运动""趣味游戏"等。在对多名专家、教授进行了访问调查并查阅国内外大量资料后,经过专家、教授论证,确定使用"趣味体育"这一概念比较合适。趣味体育是一项把身体练习和劳动、生活、游戏、游艺娱乐等活动有机结合在一起,以情趣、娱乐、健身为目的的体育活动。[①] 吴广卫通过大量研究指出,趣味体育是集娱乐、体育为一身,结合体育技能、技巧和行业技术能力等操作手段,从而增进参与者身心健康的一种身体锻炼项目。[②] 田志峰认为,趣味体育是大众体育的延伸,是以各种有趣的理念,多样化的组织形式,达到愉悦心灵,强化群众身体素质的体育活动。[③] 闫鹏飞、阚胜利认为,趣味体育主要指的是在体育运动中融入游戏、娱乐、生活、劳动等活动,多方面发展体育运动的趣味化,在这种教学方法下,是鞭策体育教学改革,促进学生全面素质发展的重要途径。[④] 杨娇认为,趣味体育属于体育范畴,其特点鲜明且蕴含了许多教育优势,具有健体、培德、育心、益智的功能,是体育游戏的延伸和发展。体育游戏作为学校体育教学的一种手段,它的目的是开发智力、提高身体素质、调解情感、陶冶情操,亦突出了教育性。趣味体育所展示的内容有很多,对具有体育特性和主题性的活动即可以作为趣味体育的素材。它既有体育游戏的成分,又通过了成人化的加工,体现一种崭新的内容;既无严格的规范要求,又无严格的场地器材要求,因此,它的可选择性、可塑性较大,对促进学生整体素质全面发展有着特殊重要作用。[⑤]

① 邹师. 趣味体育的概念及创编原则与方法[J]. 山东体育科技,1997,19(3):55-57.
② 吴广卫. 小学体育游戏的设计与合理运用[J]. 体育科技文献通报,2009,17(3):68-69.
③ 田志峰. 开展趣味体育的组织与实施效果研究—以陇南市武都二中为例[J]. 田径,2017,38(04):58-61.
④ 闫鹏飞. 趣味体育在中学体育教学中的价值与应用[J]. 体育教学与研究,2016,28(75):110.
⑤ 杨娇. 体育院校健美操普修课趣味性教学的实验研究[D]. 武汉:武汉体育学院,2012.

(二)趣味体育教学的定义

体育教学(Physical Education)是学校体育的重要组成部分,是实现学校体育目标的基本组织形式。体育教学是体育教师的教与学生的学的统一活动。体育教学是在学生与体育教师的共同参与下,有目的、有计划的体育认知、身体练习、情感和交往活动。① 单晓敏在《趣味体育在体育教学中的应用探究》中提到,趣味体育教学是教师为了充分激发学生的学习兴趣,将生活中一些有趣的细节、有教育性的活动融入体育课堂中,当学生一旦产生兴趣,其学习的主动性会提高,出现明显的变化。② 王跃一对趣味体育教学的见解为:趣味体育教学是指从培养学生的体育学习兴趣入手,围绕学生积极主动学习的中心点,尊重学生个性,让学生真正成为课堂学习的主人,最大限度地发挥学生的主观能动性的教学。③ 综合以上观点,本书认为,趣味体育教学是将趣味活动代入课中,与课堂内容有机结合起来,让学生更容易理解和接受教学内容,设置合理的教学难度,在带动学生活动积极性的同时,也满足学生想要展现自己能力的欲望。

二、体育游戏的定义、特点与作用

(一)体育游戏的定义

游戏是人类社会行为的重要部分,它是在人类文明发展的过程中产生的,在一定规则约束下的一种娱乐活动。游戏以其内容丰富多彩,形式多样深受人们的喜爱。体育游戏是在游戏中发展和派生出来的一个重要分支。体育游戏是体育教学活动的重要手段,是体育教学和训练的重要内容。教学过程中通过"游戏"手段,使学生在轻松愉快的情绪中对基本技术建立正确的动力定型,帮助学生巩固掌握的动作技术,纠正错误动作,还可增强学生体力、智力的发展,激发学生学习训练的自觉性、积极性,改变学生对体育课的态度。

(二)体育游戏的特点

1. 体育游戏具有很强的目的性

体育游戏不仅具有促进学生身心健康发展,提高学生身体技能、益智、娱乐

---

① 潘绍伟,于可红. 学校体育学[M]. 2版. 北京:高等教育出版社,2008.
② 单晓敏. 趣味体育在体育教学中的应用探究[J]. 新课程研究(上旬刊),2018,15(11):129-130.
③ 王跃一. 小学趣味体育教学切入策略初探[J]. 辽宁教育,2018,47(574):80-82.

等目的性,还具有启发教育、陶冶情操的目的性。

2. 对象广泛,形式多样

体育游戏内容不受人数、场地、器材、年龄、性别等条件的限制,规则灵活,方法多样,运动负荷有很大的可变性。体育游戏趣味越浓厚,吸引力越大,深受广大学生的喜爱,是一种可综合多种活动技能的独特锻炼手段和方法。

3. 提高学生竞争意识,具有较强的教育性

学生可以在公平、合理的规则下,充分发挥自己或团队的体能、技能、智能,还能充分发挥自身的特长,取得最后胜利。在潜移默化中培养学生遵守纪律、团结奋进、积极进取、热爱集体等良好品质,还能提升学生的审美能力。

(三)体育游戏的作用

1. 培养学生良好的品质

在体育教学改革日益深化的情况下,体育学科对培养学生思想道德品质方面与其他学科相比较具有十分优越的条件。教师在教学活动过程中,根据学生的学习兴趣、动机、情感、需要、意志等因素,通过挖掘和构思设计,采用体育游戏的方式进行教学,使学生在活动中规定自己的行为方式,培养自身勇敢、顽强、果断、机智的精神。体育游戏多是集体参与,进行分班、分组、分角色,这就要求学生之间相互帮助、团结协作,共同制定战术方略,才能取得胜利。而游戏的失败罚则,也能使学生正确面对挫折,从而使学生的积极进取、拼搏向上、团结协作、相互配合等意志品质在游戏中得到淋漓尽致的发挥。因此,体育游戏对培养学生的群体意识与共同归宿感有着积极的意义。

2. 充分调动学生对体育的兴趣,营造良好的学习氛围

兴趣是人们对一定事物带有一定趋向性,是学习科学知识技能的动力源泉。游戏教学往往能吸引学生积极参与活动,老师教学中语言风趣,形象生动,并根据课堂实际情况,采用灵活多变的教学方法,就会调动学生学习的积极性,合作氛围也相当浓厚。比如:课的开始部分,传统常规内容是慢跑,徒手操等环节。加入一些游戏,一改以往枯燥、呆板、机械的教学内容,使学生兴趣更为浓厚,这样在不知不觉中达到了课前热身、关节肌肉拉伸的目的,提高了课堂效率。

体育游戏只要适合学生的生理、心理特点,使学生感到了体育游戏的趣味,就可以使教学过程中充满吸引力,从而提高学生进行体育锻炼的积极性,培养

体育锻炼意识,为终身体育奠定了坚实的基础。

3.有助于发展学生智力

人在进行体育游戏活动时,除了要发挥体能外,还需要一定的智力活动。这是一个复杂的条件反射过程,取决于大脑皮层对内外感受器所产生的各种信号的综合分析能力,能使机体在游戏过程中达到新的适应、协调和平衡。教师可以创编一些有趣的游戏,充分发挥学生想象力,鼓励学生进行创造性的设计,可以提高学生的想象能力、形象思维能力、观察能力等,从而发展学生的智力;也可以提高学生的神经兴奋性,对体育教学产生正迁移。

人体在运动前神经兴奋程度不高,身体有惰性,在体育教学中,课前适当安排一些游戏在准备部分可以提高学生的神经兴奋性,提高学生学习兴趣,克服身体各器官的生理惰性,使机体快速进入状态。游戏内容可根据不同的课程、不同的特点适当安排。

三、高校体育教学融入体育游戏的教学思路

高校体育教学应将体育游戏应用作为实践基础,追求创新并提出新的体育教学手段。高校体育教学中融入体育游戏的创新教学思路如下。

(一)在准备活动中融入体育游戏

在体育课程教学开始之前,教师要让学生快速进入状态,可以安排有针对性的体育游戏教学内容。比如,教师要引导学生适当进行体育游戏活动,思考如何调动学生的学习积极性,提高学生的学习兴趣。再如,在足球课上,教师可为学生设计专门练习反应速度与动作速度的体育游戏内容,如"传球接力""遛猴儿传球""网式足球""带球过杆比速度"等。这些游戏化的教学项目,可在课前准备阶段为学生提供热身机会,使学生为课上学习活动做好准备。

(二)在教学活动中融入体育游戏

在体育教学活动中,教师通常是根据高校体育教学大纲规定设计教学方案,提升学生学习能力,达到体育教学目标。在教学中,教师要尝试引入一些具有创新价值的体育游戏内容,丰富体育教学活动实施思路。比如,在田径技术教学中,教师可引入"往返跑、谁最快""高抬腿接力"等体育游戏,真正将田径技术内容游戏化,尽可能抓住学生的课上学习注意力,教授学生容易理解的动作

技术内容,确保基本体育技术编排专业化、游戏化。整体看来,体育游戏教学法可应用于巩固提高阶段,以便于学生体育动作技术的有效提升。

(三)在整理活动中融入体育游戏

在体育教学整理活动中应融入体育游戏,以保证学生在体育学习活动中获得放松,在课后继续体会体育游戏内容。从体育角度讲,能够通过游戏化的教学形式帮助学生调节神经、消除疲劳,进而最大限度地恢复身体机能。在正式教学阶段,教师应采用团体体育合作模式,如通过团体合作放松游戏,建立学生彼此之间的相互信任机制。在整理活动中,教师应选用内容与形式新颖的放松游戏项目,建立寓教于乐的体育教学课堂,让学生摆脱传统体育学习活动中相对紧张、沉闷的情绪状态,以最好的心态与状态投入课程学习活动中。

四、体育游戏在高校体育教学中的应用策略

(一)高度重视体育游戏

体育游戏的作用能否得到充分的发挥,在很大程度上取决于教育人员的重视程度,只有教育人员足够重视,体育游戏才能在体育教学中发挥作用。从之前的体育教学成果来看,体育教学更看重学生的身体素质,而忽略了其他方面的培养,影响了体育游戏的发展。所以,从学校的角度要重视体育教学的发展,要求教师树立正确的教学观念,更新教学理念,积极发现自身在体育教学中存在的问题,有针对性地提出解决的意见和建议。需要体育教师从思想上重视体育游戏的作用,转变传统的教学观念,学习和引用一些先进的教学方法。了解体育教学不单单是提高学生的身体素质,掌握运动技能,还应该成为锻炼学生心理的重要手段。适当采用体育游戏可以起到很好的效果,所以需要学校和教师高度重视体育游戏,不断学习和掌握有趣的体育游戏,在理论和实践中不断积累经验,将其作用最大化地体现出来,达到体育教学目标。

总体来说,单一的重视也不能解决实际问题,教育人员本身的改进也很重要。体育教育工作者要经常自我反省,自我更新,才能在原有的基础上不断进步。然而,由于有些体育教师没有足够的时间反省自己,阻碍了其教学水平的提升,限制了其教学能力的提高。

(二) 结合实际选择游戏

不同年龄段的学生,其身体特点和兴趣爱好大不相同,为其所选取的体育游戏也应不同。教师在选取体育游戏的时候,应该充分考虑学生的具体情况,因人而异,因事而定。根据学生的特点,选择有针对性的体育游戏活动,激发学生学习兴趣,满足学生学习需求,最终达到理想的教学效果。体育游戏的规则和内容是可以由教师灵活掌握的,教师可根据实际情况开展体育游戏。

虽然体育游戏对体育教学有着积极的作用,但不是所有的体育游戏都能发挥出很好的效果。所以,教师应该根据每堂课的授课内容和学生的实际情况,根据课堂中学生的表现合理地选择体育游戏。所选择的体育游戏要不仅能激发学生学习兴趣,还能让学生掌握运动技能和体育理论知识。

(三) 合理引出和插入体育游戏

体育游戏可以应用于体育教学的每个环节,不过每个环节所起到的作用具有差异性,需要教师根据具体情况合理地应用,进而达到预期效果,促使教学质量进一步提升。抓住合适的时机,合理地引出、合情地插入体育游戏,对教师来说尤为重要。教师应根据本堂课的具体内容,安排体育游戏。例如,在练习乒乓球颠球的时候,教师可以先通过徒手练习纠正错误动作,然后进行原地颠球练习,最后进行行进间的颠球练习,将练习细化,并分层进行。此外,当学生在学习过程中出现厌烦或厌倦的情况,教师应合理地调整体育游戏,帮助学生重新获取兴趣和爱好,把注意力放在体育课堂中。

在体育教学中,虽然合理地使用体育游戏可以活跃课堂气氛、使体育课堂氛围变得更加轻松,但是教师一味地使用一种体育游戏,采用一种单一的教学形式,会使学生产生疲劳感,进而失去学习的兴趣。教师需要不断更新自己的教学理念,掌握前沿的教学手段。教师可合理地运用情境式教学法设置体育游戏。情境式教学法是一种前沿的教学方式。教师利用学生好奇心和感兴趣的内容进行情境创建,很容易就可以激发学生参与的好奇心。教师还可以与其他学科相融合,共同创设,使学生在学习和掌握体育技能的同时,还能学到其他学科的知识,融会贯通,灵活使用。例如,在学习田径跑步的课程中,教师可以使用"抓人游戏",锻炼学生如何在游戏中提高速度,逐渐学会正确的跑步姿势。通过这种情境架构,学生参与的热情也会高涨,改善了课堂气氛,提升了教学效果。

(四)将思想道德教育融入体育游戏中

体育游戏具有娱乐性、竞争性和协作性。这些特点虽然可以很好地激发学生学习的兴趣,提升学生参与的热情,但是有竞争就存在胜负,有比赛就会有输赢。所以,在体育游戏中,教师也应该注重思想道德的教育。在设计一些团队型体育游戏的时候,着重锻炼学生团队协作能力和沟通能力,这与我国体育精神十分契合。此外,教师还应合理地设置奖惩机制,结合学生自身特点和具体情况实施惩罚,这样才能激发学生的热情,保持其参与的积极性,形成学生之间互帮互助、共同进步的良好课堂氛围。在这个过程中,教师应该发挥好自身的引导作用,时刻关注游戏动态,一旦出现问题,应立刻进行指导和纠正,保证体育游戏的顺利开展,最终达到预期的目标。

体育游戏是一种独特的体育活动,教师应该充分发挥智慧,将体育游戏融入体育教学过程中,使体育游戏与体育教学相辅相成。应结合学生的实际情况,制订相应的教学计划,促进体育课程的丰富性和灵活性,逐步建立活跃、有趣的课堂气氛,使学生对体育的学习产生兴趣,热爱体育,了解体育,将体育作为一场游戏,感受体育的魅力,体会体育带来的快乐。

五、体育游戏在高校体育教学中应注意的问题

(一)注意安全防护

在体育教学过程中,每一个环节,教师说得最多、最关心的问题就是安全问题。在进行体育教学和体育游戏中,时刻提醒学生注意安全十分必要。教师在体育游戏开始之前和游戏过程中,都应做好必要的安全防护工作,并且从组织上到实施中都要严谨实施,从思想上重视体育游戏的安全性。

(二)关注情绪变化

无论学生身处在什么年龄段,对于他们来说控制力还需要格外关注。在学生进行体育游戏的过程中,难免会出现得意忘形、情绪激动、不受控制等情况,所以教师在选择体育游戏以及应用体育游戏教学的过程中,应时刻关注学生的情绪变化。此外,为维护学生情绪的稳定性,体育游戏的设计应关注学生的体能,不能过度劳累,以免激发学生的不良情绪,以致之后的课程内容无法正常进

行,影响课堂质量和课程效果。

(三)遵守课堂纪律

课程能够顺利开展的前提就是要有良好的课堂纪律,如果没有好的纪律制约,那么体育课程就容易出现混乱的状态。教师应在课前就严格要求学生,教育学生遵守课堂常规要求,遵守课堂纪律。在进行体育游戏过程中,引导学生按照规则进行活动,强调学生在游戏中的自觉性和规则性。在课程结束后,教师也可以对表现不好的同学提出批评教育,引导学生遵守纪律,并树立典型,发挥榜样作用。

第三章 高校体育教学信息资源的优化应用

第一节 现代化教学手段在高校体育教学中的应用

一、现代化教学手段在体育教学中应用的必要性分析

(一)现代化教学手段在体育教学中应用契合时代发展的要求

随着时代的发展,现代化技术正以惊人的速度改变着人们的学习方式,人们可以在任何时间、任何地点学习任何知识,现代化学习已成为未来教育发展的必然趋势。从系统论的角度看,社会系统和其子系统会呈现出高度的同构性。现代化大环境是社会系统,学校教学是社会系统的子系统,体育教学是子系统的一部分。也就是说,体育教学在目标、过程和手段上都应该体现现代化的时代特征,与社会系统相适应。推进体育教学现代化进程是我国体育教育改革的方向,也是契合现代化发展的必然要求。

(二)现代化教学手段在体育教学中应用是新环境下"教"与"学"的要求

教师与学生都离不开生活的大环境,传统的体育教学方式已不能适应当前学生发展的需求。在过去,学生的"学"较多依赖于教师的"教",这是因为教师是知识的掌权者,其信息拥有量也远远超过学生,学生学习知识的途径只能在课堂上进行。随着现代化的发展,科学技术的不断进步,学生学习知识的渠道变得丰富起来,教师不再是知识的"掌权人",学生的知识储备在某些领域甚至超过了教师。现代化让教师的"教"与学生的"学"都发生了极大的变化。教师

的教学不仅仅要传授知识,更重要的是教会学生如何运用现代化的手段去进行终身学习,教师必须具有与时俱进的学习能力和运用现代化手段的素养。因此,在现代化环境下,体育教师必须善于运用现代化手段进行教学,告别传统、单一的教学方式,不仅要向学生传授体育知识和技能,还要激发学生的学习兴趣,引导学生善于运用现代化学习方式来提升自己的知识与素养,跟上时代发展的步伐。

二、现代化教学手段在体育教学中应用的优势

(一)网络教学平台的多样性,有利于满足学生的个性化需要

基于互联网的网络教学平台,与一般高校的校园网和宣传网站有很大的区别。首先,在功能上重点要实现教学内容的完整性、项目的多样性、技术的先进性及服务社会的开放性,多以辅导资料、教学课件、教学视频、技术分析、经典赛事和赛事直播等为主,海量的教学资讯可供学生自主选择。其次,还要实现跨专业、跨院校之间的联合与合作。众所周知,体育本身就是包含了上百个运动项目的大学科,要想实现教学内容的前瞻性、权威性,就需要多个院校专家的联合参与和支持,可根据应用范围和地域特点有选择地确定教学内容。最后,要有一个专业的服务团队给予设计、制作、维护更新等技术支持。由此可见,要实现网络平台的建设,需要多方面人才的共同努力,不断更新完善。在使用过程中,学生可以在网上选择自己喜爱的体育项目和自己喜爱的教师。这种选择体育教学的模式适合高校学生的生理、心理特征以及文化层次特点,能够满足学生参加体育锻炼的个性化需要、提升学生的自主选择性,能够促使每个学生在校期间掌握一两项体育健身手段,以及毕业后易于坚持锻炼的运动项目。

(二)有利于提高教学质量

体育网络教学打破了传统的教学方式,在给学生一定选择范围的同时,也给了体育任课教师一定的发挥空间。在原有课堂教学的基础上,运用现代化的教学手段就可有效地拓展课堂教学的外延。利用互联网教学平台不仅可以完整演示各种技术配合,使学生欣赏到精彩的经典赛事,同时还可以利用微信公众平台、QQ群、微信群等形式,进行教师与学生之间,以及学生与学生之间的交流互动、在线辅导。这极大地满足了学生在学习过程中对信息的各种需求,使

教师能够及时地了解学生对授课的满意程度,吸取学生提出的合理化建议,把握体育教学的改进方向。另外,高校体育教学形式的多样性和方法的现代化,对高校体育教师水平的与时俱进提出了较高的要求。因此,要不断地调整、完善体育教师队伍的知识结构、学历结构,提高其教学组织能力,以适应不断变化的高校体育教学改革的需要。

(三)有利于培养学生自主学习的能力

传统的体育教学过分强调以教师为主导,往往忽略了学生的主体作用。而在网络教学平台中,体育教师可以通过多种交流方式对学生实现在线辅导,这可以培养学生自主学习的习惯,从而让学生体验和了解科学探索的过程,提高学生获取信息、分析信息、加工信息的实践能力,培养学生良好的创新意识与信息素养。基于互联网的教学平台,不仅具有校园网教学的功能和特点,而且不会受到校园网络的限制,在为学生服务的同时也可以服务于社会,对全民素质的提高起到促进作用。网络教学平台是现代化教学手段在体育教学中应用的重要载体,这种体育教育模式是顺应现代教育的潮流趋势的,因而受到了广大学生的普遍喜爱。

三、现代化教学手段应用现状

(一)现代化教学基础设施不断完善

21世纪是一个高速发展的世纪,信息高速公路的发展成为驱动社会全面发展进步的一辆马车。随着社会文明不断进步,观念不断更新,人们对教育的重视程度也上升到一个崭新的高度。近年来,伴随着信息化技术深入人类生活的各个方面,教育也深受影响,学校开始有意识地将现代化的高科技手段引进课堂,学校基本的现代化教学措施不断完善,电脑、投影仪等广泛地在校园中得到应用,类似超级课表的各类教学软件也应运而生,这些现代化教学的软硬件设施在政府、社会、学校的共同努力下不断得到完善。

(二)现代化教学设施及手段在体育教育中应用较少

由于传统观念影响,体育课一直被视为边缘课程,学生、教师、学校对该门课程的态度并不是很重视。从目前的普遍状况来看,现代化教学手段只在一些被视为重点学科的课程教学中得到广泛的应用,如语文、数学、英语等。

一般的传统观念认为,体育课程的教学主要是教授学生一些运动上的技巧,让学生掌握锻炼身体的良好技能。因此,忽视了应该通过现代化多媒体的方式来教授体育的运动理论基础及相关常识,导致即使在教学中全面运用了现代化教学手段也未将体育教学考虑进实施现代化教育的范畴。

四、现代化教学手段在体育教学中投入应用的影响因素

现代化教学手段在体育教学中的应用依然受到一些因素的影响,这些因素直接影响到体育教学现代化的发展。

(一)传统教育观念因素

现阶段的大多数体育教师均是在应试教育模式下培养起来的,受传统的教育观念影响较深。很多教师对待体育教学的观念停留在传授运动常识、运动技巧、运动技能等方面,而对体育理论的教学较少,即使有一定的体育理论教学,也是采取满堂灌的单一授课方式,对现代化教学手段应用较少。同时有些体育教师接触多媒体较晚,对这些现代化教学技术所知甚少,再加上传统的教学并未采取现代化教学手段,因而在教学中不愿尝试,造成教学资源的浪费。

(二)课件资源稀缺

运用现代化的教学手段进行教学,要求教授者有一定的计算机基础,同时还需要具备较深厚的体育基础理论知识,即运动训练、体育锻炼及运动竞赛以及一些体育常识等基本知识。而就现阶段的教学人员状况来看,大多数体育教师具备深厚的基础理论知识,但对现代化的教学方式了解尚浅,对现代化课件的应用意识不深,因而造成教学中的应用较少,导致在其他学科课件资源极其丰富的情况下,体育课件资源还相当稀缺。

五、现代化教学手段在体育教学中运用的策略探究

(一)选择符合现代化特征的体育教学内容

1. 现代化特征的身体运动内容

在现代化背景下,人们的体育生活方式已经发生了显著性变化。在过去,

人们基本上是在自然环境中进行运动,如跑步、打球等;但如今,由于跑步机、健身单车等练习各项身体素质的训练器械都很普及,健身房运动模式已成趋势。如果我们的体育教学不能与现实生活接轨,那么学生习得的终身体育意识将会大打折扣。在发达国家,教师通过使用现代化教学手段来训练学生进行组合运动已相当普遍。这是因为,一方面,体育教学借助现代化教学手段在实现教学目标的同时,也将体育教学与学生的未来生活紧密地结合在一起;另一方面,学生在运动的过程中也学会了如何使用现代化器械,为将来走向终身体育打下坚实的基础。而体育教学要实现与现代化教学手段的结合,与体育教师的教学内容紧密相关,毕竟不是所有的体育运动都需要或适合运用现代化教育手段。也就是说,要根据体育教学内容来确定是否使用现代化的教学手段,通过使用现代化的教学手段能使体育教学的效果达到一个理想的状态。

2. 现代化特征的陈述性知识内容

体育教学内容从整体上可分为两个方面,即陈述性知识和程序性知识。学生对陈述性知识的学习主要是依靠教师的讲解或传授,所以传统的体育教学多以讲授为主,辅之以绘画、录像、挂图等教学辅助手段。这些常规教学手段和现代化教学手段比较起来,显现出灵活性差、信息含量少、操作费时等缺点,一定程度上限制了教师教学的主动性和创造性。在现代技术高速发展的社会中,体育教师在教授陈述性知识时完全可以借助现代化教学手段,大量引入体育教学新方式,如慕课、开放课程、微课程、公开课等创新教学内容,为学生主动学习、探究学习提供更多的可能。

(二)选择适合体育教学的现代化手段

1. 体育教学方法的现代化

传统的体育教学方法,如讲解法、示范法和现代化的教学手段相结合,其优势将发挥得更加突出。讲解法在体育教学中随处可见,传统的讲解法是教师通过语言讲解,将知识传递给学生的一种教学方法,学生只能靠听,形式单一,效率低下。如果教师在讲解的过程中配合小视频、小动画的方式便能吸引学生的注意力,调动学生多种感官,实现协同学习,其效果会优于单一的讲解。示范法在体育教学中运用的频率也很高。但教师的示范往往受到性别、年龄、体质、技能等方面的限制,示范效果会受到一定的影响。比如女性教师在柔韧性的项目中可能要优于男性,而男性教师在力量型的项目中则要更具优势。体育教师的身体素质随着年龄的增长而客观地发生着变化,动作技能必定会逐渐退化。另外,体育教师也不是运动全才,他们不可能在所有项目上都能表现出色。而现代化教学手段完全可以弥补体育教师在动作示范上的一些不足,不仅能够替代体育教师进行动作示范,还能对高难度动作进行慢放、反复播放等,从而解决诸多教学难题。

除此之外,体育教师还可以在教学中融入一些新的技术手段,如交互教学媒体在体育教学中虽不常用,但是效果显著,深受学生喜爱。使用交互教学媒体,学生可以直接进行互动游戏或练习,也可以通过媒体将自己的技术动作拍摄下来进行回放,自观评价自己的动作要领。这种自观的、自己动手操作的学习方法更能提高学生学习的兴趣。

2. 家校教学协作手段的现代化

体育教学的终极目标是让学生养成健康的生活方式,让学生在步入社会以后还能坚持体育锻炼。因此,引导学生正确地进行课外体育锻炼也是体育教学的任务之一。事实上,学生身体素质的提高需要家校之间的协作,家长在体育锻炼、营养饮食等方面的指导和配合将会对学生的健康发展起到不可替代的促进作用。体育教师可以通过班级博客、校园网站、短信等现代化手段快速、便捷地对家长和孩子给予指导,家长也可以通过同样的平台将信息反馈给教师。现代化技术让体育教师实现了对学生"一对一""处方式"的指导,教学更能突出针对性、实效性。

六、现代化教学手段在体育教学中运用的教师成长策略

(一)主动学习,更新观念,掌握现代化教学技能

目前,体育教师现代化教学观念淡薄,现代化教学技能普遍欠缺。一方面,这与体育教学长期在室外上课,较少使用现代化教学手段有关;另一方面,这也与体育教师自身欠缺良好的学习习惯有关。因此,为了提高体育课堂教学效益,体育教师应努力树立主动学习的意识,积极学习现代化教育技术,掌握现代化教学技能,致力于把现代化教学手段融入体育教学之中。事实上,现代化教学手段能否发挥其有利因素为体育教学服务,体育教师掌握、运用现代化教学手段的能力是关键因素。提高体育教师运用现代化教学手段的能力也成了体育教学现代化进程的必经之路。因此,体育教师不能满足于现状,应积极通过

各种学习平台,借助各种学习机会来提升自己的现代化教学素养;在教学实践中,也应多使用现代化技术辅助教学,以锻炼自己的操作与运用能力。

(二)立足实际,勇于创新,发挥现代化教学优势

正确认识现代化教学技术与体育教学的关系,既要立足实际、根据需求,也要勇于创新,整体设计体育教学,制订融入现代化教学技术为辅助教学的学期教学计划、课时计划,发挥现代化教学手段在体育课中的作用。在教学中,体育教师要积极创新教学方式,只要有利于教学目标的实现,就应大胆挖掘和使用现代化教学手段。如体育教师可以运用影像技术记录学生的课堂表现,以实现对学生学习的过程性评价。在运用现代化教学技术时,教师应注意营造学习情境,引导学生自主探索,培养学生创新能力。当然,体育教学应以室外身体运动实践为主,以室内理论讲解为辅,切不可为了刻意体现体育教学的现代性,而忽视了基础性的体育运动和练习。

(三)积累资料,分享资源,放大教学资源的价值

随着体育教师对体育教学资源需求不断增加,如何为体育教师提供一个适合学习、教研的平台成为一个必须解决的问题。目前网络上有关体育教师学习、交流的资料非常丰富,但供体育教师直接用于教学的图片、视频、课件却非常稀少,也没有专业的、系统的适合一线体育教师课堂教学用的资源库。因此,为了提高自身的现代化专业素养,体育教师可以通过搭建网络平台的方式来共同建设现代化教学资源库。如体育教师可以将用过的、看到的好素材分运动项目、年段、类别放进资源库中,实现资源的积累与分享,长此以往就会形成一个庞大的资源库系统。在这样的资源库中,由于体育教学资源得到了实实在在的分享,体育教学资源的价值也实现了真正的放大,体育教师的现代化教学素养也会得到真实的提升。

现代化教学手段的运用不仅仅是方法的改变,更重要的是教育观念、教学内容、教学模式等深层次的变革。由于体育教学的特殊性,现代化教学手段仍然只能充当一种辅助性教学工具,传统的教学方式仍然无可替代。真正起关键作用的,还是教师本身。因此,教师本身必须保证理论基础扎实,业务功底深厚,综合素质全面,再通过现代化教学手段优化教学,一定会将体育课上得更好。

七、现代化教学手段在体育教学中的应用意义

(一)激发学生兴趣,调动学生学习积极性、主动性

学习中,"兴趣是最好的老师"。因此在体育教学中,充分挖掘学生兴趣极为重要。同时,大学生一般处于 18～22 岁的生长发育阶段,心智尚未完全成熟,对事物充满了好奇。采取现代化教学手段,可以避免教师单纯地教授相关抽象知识,加强了教学的灵活性及多样性,同时也能很好地适应这个年龄段的学生特点,"投其所好"。

利用现代化教学手段,将所教授的内容配上生动的画面、声音、视频等,让学生在枯燥的学习之余得到一点视觉、听觉上的刺激,使教学手段多样化,并加大了传递的信息量,丰富了学习的内容,让学生在满怀兴致的状态下进行学习,提高了学生的学习积极性、主动性,使得教学的效率大大提升。

(二)为学生提高真实的可观感受,提高运动技能

体育教学的目的之一是为了培育学生的运动、锻炼能力,因而,在体育教学中,实践是极为重要的。据相关科学研究表明,人们在获取信息量的过程中,通过视听获取的信息量占所获得的信息量的 94%,因而,学生在完成一项新技能的学习中,要充分结合听觉、视觉的辅助。利用现代化教学技术尤其是多媒体教学技术,能有效地在知识传递过程中充分挖掘学生的视听能力,加强学习的效果,提高运动技能。

同时,在体育训练中,很多复杂动作是需要在一瞬间连续完成的,因而给教师的教学示范带来了极大问题,如铅球投掷过程中的用力姿势及力度问题。通过多媒体教学,将那些示范动作放慢、分解,让学生能从多角度观察,提高学生的真实可观感受,能让学生深入了解运动技巧,提高运动技能。

(三)加强理论课教学作用,并消除安全隐患

我国的体育教学一直以来都是重实践轻理论,这其中很大一部分原因是理论课的教学手段、方法极其单一,无法引发学生的学习兴致,教学效果也很不理想。引进现代化教学手段后,课堂中的教学方式由单一的讲授变为穿插音乐、图片、动画、视频等多种视听特效的"乐园",极大地提高了理论课教学的效果和

在体育教学中的地位。

同时,采用现代化教学手段还能极大地消除安全隐患。由于在传统体育教学中,学生对于一些高难度动作的技巧掌握不到位,由此造成在实际锻炼中容易出现受伤问题。而现代化教学手段让学生能从多角度、多方面对运动技巧进行了解,从而极大地消除了实践中的安全隐患。

第二节　慕课教学模式在高校体育教学中的应用

一、慕课概述

(一)慕课的概念

慕课即"MOOC",是"Massive Open Online Courses"(大规模开放式在线课程)的简称。Massive"大规模",学习人数众多、学习规模巨大;Open"开放共享",免费注册,丰富的学习资源向全国乃至全世界开放,学习者眼界也随之扩展到国外;Online"在线",学习和教学主要通过网络进行,交流与互动都是在网上。在慕课模式下,整个课堂教学和学生学习完整、系统地在线实现。慕课是包含讲授、讨论、作业、评价以及回馈的教学过程,不只是纯粹的教学或者自学,是融合教师讲授、学生学习的整个教学过程。慕课学习过程中,教师的主电脑连接到学生电脑,方便教师观察学生的学习状况。学生如何学习,学习效果如何都会在线呈现,并获得相关的学习反馈。

作为在线教育的最新形态,慕课将社交服务、在线学习、大数据分析和移动互联等理念融于一体,向用户提供大规模的免费在线高等教育服务以及生动的学习体验,慕课的巨大优势已经引起政策决策者、投资者以及教育人士的广泛关注,并吸引他们投身于慕课建设。现今主要有 Coursera、Udacity、edX 三大学习平台负责课程的推广。这三家公司提供模块化在线材料,播放简短视频片段,开展互动问答等活动,通过网上论坛让学生展开讨论、进行学习。实际教学在视频授课之外,横跨博客、网站、社会网络等多个平台。大量来自世界著名高校的丰富课程资源,吸引了世界各地的学习者共同在线学习,在各专业教师带领下在线无障碍、无距离地进行学习。

(二)慕课的历史发展

1. 慕课在连通主义中破土而出

2005 年,加拿大曼尼托罗大学(University of Manitoba)的乔治·西蒙斯(George Siemens)在 *Connectivism:A Learning Theory for the Digital Age* 一文中首先提出了基于互联网环境的连通主义学习理念。他认为,在网络时代里,传统的分层级化的、静态的知识学习已经不能满足人们学习的需要了。学习要随着网络化与动态化的知识流而改变,要在知识的动态发展中,将已有知识点连接成知识网络且使知识网络随着知识节点的不断连接而扩大。同一年,加拿大国家研究理事会的斯蒂芬·道恩斯(Stephen Downes)也提出把连通知识作为连通主义认识论的观点,并总结了连通主义知识的四个特征:开放性、自治性、交互性、多样性。

基于连通主义学习理念,2008 年乔治·西蒙斯与斯蒂芬·道恩斯在曼尼托罗大学一起开设了名为"连通主义与连通性知识"(CCK08:Connectivism and Connective Knowledge)的课程,CCK08 的所有课程内容在 RSS 上都可以找到;它还利用了当时已有的诸如 Facebook、Wiki 网、博客论坛等在线渠道吸引学生加入课程。学习者也可以运用这些渠道与其他学习者开展交流讨论,更深入地加入课程里来。这一课程最终吸引了来自世界各地的 2200 多名线上学习者参加,更有近 180 人为参加这门课程的讨论开通了博客。

慕课同 CCK08 一样诞生于 2008 年,二者之间渊源极深:加拿大爱德华王子岛大学的大卫·柯米尔(Dave Cornier)以及国家通识教育技术应用研究院的布莱恩·亚历山大(Byran Alexander)就是针对 CCK08 这一网上课程首创了慕课这一术语。在他们看来,"慕课是一种参与者和课程资源都分散在网络上的课程,只有在课程是开放的、参与者达到一定规模的情况下,这种学习形式才会更有效。慕课不仅是学习内容和学习者的聚集,更是一种通过共同话题或某一领域的讨论将教师和学习者连接起来的方式。"

2. "MOOC 年"热潮的掀起

2011 年秋,受可汗学院成功的影响,斯坦福大学的教授塞巴斯蒂安·特隆(Sebastian Thrun)和彼得·诺维格(Peter Norvig)一起在网上开设了一门叫作"人工智能"的课程,16 万来自 190 个国家的学习者注册参与了课程学习。课程的成功直接促使特隆于 2012 年走出"象牙塔",与大卫·史蒂文森(David

Stavens)以及迈克·索科尔斯基(Mike Sokolsky)一起创办了营利性在线课程供应平台 Udacity,并首先推出了 2 门为期 2 周,分别关于机器人编程和建立搜索引擎的慕课,成功吸引了 6.5 万学习者注册参与。

2011 年底,斯坦福大学也将 3 门课程免费放到了网上,其中吴恩达(Andrew Ng)教授的"机器学习"(Machine Learning)吸引了来自世界各地的 10 万学习者。同特隆一样,吴恩达也看到了这种课程模式的前景,促使他在 2012 年与达芙妮·科勒(Daphne Koller)创立了 Coursera 公司。他们在获得投资后,与宾夕法尼亚大学、斯坦福大学、普林斯顿大学以及密歇根大学达成了合作意向。到当年 7 月,Coursera 的合作伙伴增加到 16 个。到目前为止,已经有包括台湾大学和香港科技大学等在内的 118 个研究机构与大学和 Coursera 携手奋进。

同样是 2011 年底,edX 的前身 MITx 开始启动实施。MITx 让在线学生进入模拟实验室,与教授和其他参与者进行互动,并且学业完成后能够得到正式的证书。2012 年秋,哈佛大学加入进来,合作组建了"旨在以开放与免费的形式向大众提供优秀在线课程"的非营利机构 edX。之后,伯克利大学和得克萨斯大学加入队伍。其中,伯克利大学负责提供平台和技术上的支持。

以上的三大慕课教育平台被戏称作是美国慕课的"三驾马车"。它们各自成立之后,便开始了各自的融资与扩张,尤其是作为营利性机构的前两者。平台上涉及诸多领域的慕课课程陆续上线,一时间,慕课像风暴一样席卷全球。

此外,各种具有不同特色且都有所侧重的慕课平台随之纷纷建立,比如主张"人人可授课,人人能学习"的 Udemy。到了 2013 年,世界各地的许多高等教育机构或者以合作者身份加入已有的慕课平台,或者组成联盟建立具有自己特色的慕课平台。一些学者这样说,"当知识遇上网络,慕课便诞生了"。edX 总裁安纳特·阿加瓦尔(Anant Agarwal)也曾提到,"由慕课带来的对传统教育模式的冲击远未结束"。

慕课在走过了如井喷式发展的 2012 年与 2013 年后,并没有停下向前的脚步。对于中国慕课的发展而言,2012 年之后才算是开局。到了 2014 年,从慕课平台上一直逐渐增加的注册人数和完成人数可以清晰地看出来,人们对于慕课的关注并没有减少,反而越来越多的人加入慕课,并完成了学习。而且,相比之前对慕课一面倒式的极端狂热追捧,无论是现在的项目发起者还是学习参加者,乃至专家评论者也都能更加理性看待慕课的发展以及其与传统教育间的关系,并且就已经出现的一些问题,比如"双高"(高参加率与高退出率)现象、廉价学分、课程质量的效果等发起了广泛的讨论。

香港大学的 Peter E. Sidorko 教授以列表的形式比较了慕课的优势和不足,他认为"没有先修条件"和"没有规模限制"的特点既是慕课的优势,也同时为慕课的发展埋下了隐患,这也是慕课"双高"现象的主要原因之一。新媒体联盟"地平线报告"的参与者 Johnson L. 也对慕课能否高效互动产生了质疑,认为"慕课不可能是真正的教育有效代替品"。约翰·巴格利(John Baggaley)专门撰写了一篇名为《反思 MOOC 热潮》的文章,通过对慕课中的知识产权归属问题以及教学模式的有效性等几个方面阐述了他对慕课的担忧。他认为技术会让人与人的隔阂加深,而以新技术为载体的慕课的实践也还存在诸多问题,需要谨慎对待。

纵观各种媒体对慕课的评论以及专家学者对慕课的解读,我们发现在慕课的前行过程中发展的动力与阻力是并存的。慕课作为一个出现时间不到 10 年却引起大范围讨论的新事物,关于它的讨论由最初的火热吹捧到后来的质疑声频起,再到如今人们更为理性地对待,这本就是情理之中的事情。我们不能因为它还存在一定的问题就否定它出现后在教育领域引起的一系列变化;也不能一蹴而就,神话它的存在,把它当作拯救当下教育的唯一手段。在做到理清它发展脉络的同时,研究者还要看清它的特质以及与传统教育的相互关系,这样才能把握住它以后的发展方向,做出相应的对策。

(三)慕课的特点

1. 互动性

交互式教学是慕课与传统网络课程的一大区别。在教学过程中,教师与学生之间、学生相互之间的互动频繁。

(1)师生互动

在课堂上教师对学习者的提问进行集中答疑,以一对多形式进行互动;授课教师还提供每周两小时左右的论坛在线时间与学生开展交流,课后测试通过客观题与学习者进行一对一形式的实时互动交流。由于先进网络技术的支持,教师可以看到学习者的笔记、问题,对其学习效果有清晰的了解,可以更有针对性地解答学习者的问题。

(2)生生互动

合作学习是慕课的主要学习方式。在授课过程中,将学习者分为若干小组,以小组为学习单元,每个小组研究一个主题。在完成任务过程中,充分调动每个成员的积极性,讨论学习主题、交流学习知识。对于不懂的问题,小组成员可以相互交流,也可以询问授课教师以及助教。学习者在线下可以通过微信、微博、论坛等形式交流遇到的问题,进行频繁的互动。

2. 便捷性

慕课学习的便捷性主要体现在:学习的自主性以及灵活性。慕课彻底颠覆了传统教学"教师主导、学生遵从"的关系,充分体现为学习者主体,教师、网络共同主导这样一个全新的"双主"关系。在课前,学习者收集学习资料、观看课程视频、阅读相关材料、完成习题,为上课做准备。在上课过程中,学习者自己选择学习方式,标注笔记,自主选择重点。在课下,对于不懂的问题通过论坛、邮箱、微博等方式进行讨论。学习者充分发挥学习的自主性,教师只发挥引导、辅助的作用。

慕课的教学与学习是在线的,每节慕课都是由十几分钟的短视频组成。教学中大量采用图片、视频等,教学方式灵活多样,可以激发学生兴趣,加深学生对所学知识的理解。在慕课学习模式下,学习者的学习地点、学习时间以及学习方式没有固定要求。学习者可以利用自己闲散的时间以自己喜好的方式开展学习。学生学习的过程完整呈现,在线评价系统会及时对学生进行评价,帮助学生了解自己学习的情况。上过的课程投放在网上,以便学生循环观看学习。如果学习者有某个知识点没有掌握可以选择回放,再次学习该知识点直至掌握,使学习具有极大的灵活性。

3. 广泛性

基于互联网的普及、移动技术的迅速发展,慕课受众非常广泛。其广泛性主要体现在课程的开放性以及规模性。所谓"开放性",即向一切人开放,任何人都可注册,进入资格没有严格限定。学习资源具有开放访问权限,不需要任何费用。学习者只要在网上注册、登录,按照自己的兴趣和需求选择学习的课程。来自不同国家、不同文化背景的学生在网络世界可以实时参与一个共同的学习任务和课程项目,学习体验跨越地域的限制,延伸至全球。

课程没有学习者人数的限制,具有显著的规模性。规模性一方面是指课程学习者的数量庞大,另一方面也指课程资源覆盖范围广。课程资源涵盖世界高校优质的教育资源,学习者来自全世界各个国家。现在一门慕课所授学生数目可能比以往一名教师几十年教授学生数目的总和还要多。慕课向社会公众传播文化,普及教育资源,教育的社会服务职能得到更好地实现。

4. 免费性

慕课的宗旨是"开放教育资源,使所有人都能接受教育"。慕课课程是各大学联合开设的网络学习平台,免费提供优质课程。任何学习者只要注册之后即可享受来自世界知名大学教授的讲授以及其所研究专业领域的前沿理论知识。相对于传统大学课堂需缴纳高昂的学费,学生可以节约很大的经济成本。并由于跳出学校以及教师的圈子,接受世界范围内的专业知识,学习者视野更广,理论也更先进。慕课合作高校在网上开设特定课程,注册者可以在线跟从课程的学习,无论是即时提问、提交作业以及最后的参加考试,这些都是免费的。也可以在课下观看高校录制好的视频(高校课程的制作团队制作好课程之后,将其上传)。在整个课程学习中,学习者无须缴纳任何费用(除为获取特定的证书或学分外)。只有真正的免费才能实现高等教育的真正开放。不花任何费用就能接触到世界范围的优质教育资源,这是慕课的最大优势,也是慕课为高等教育带来的巨大改变。

(四)慕课的设计理念

1. 行为主义理论

斯金纳是行为主义学习理论的代表,提出了"程序教学"理论。在行为主义学习理论中,斯金纳的"程序教学"强调小步子原则,要求将学习内容分解为小的单元,学习者自定学习步调(学习者自由安排时间)。在课程组织上,学习以周为单位,有特定的学习目标(任务),且设置了最后期限,作业的完成情况一目了然。有教师评价和同伴互评,学生能够获得学习结果的及时反馈。然后进入下一个学习阶段,直到完成学习总任务。

行为主义慕课是高校"勤学苦练"教学模式的延伸,特点是"练习与测验",主要以视频展现、小问题以及测验的形式进行。例如 Coursera,课程中提供丰富的视频资源,以知名专家学者针对特定学科的讲授为中心。学生观看视频进行学习,通过测验和小论文的形式展示学习效果。

慕课强调合作学习,主张知识存在学习者之外,学习者通过个人体验来获得知识。学习就是知识内化的过程,它可以引起个体行为的改变。这种理论主要强调学习者个人必须通过自身的行为来获取知识。学习者在学习中,选择自己感兴趣的学科,查找资料,听课,完成即时问答和课下作业。学习者在学习之前收集资料,做好充分准备,课上与教师积极互动,课下与其他学习者交流,能够加深对所学知识的理解。课程每周设置一个主题,课程目标细分为一个个小任务,学习者在学习中通过完成这些小任务进而完成总的学习目标。

2. 关联主义理论

2005 年加拿大学者 George Siemens 提出关联主义学习理论:学习发生于一个复杂的网络中。在他看来,"节点"可以是一个信息、一个人、一个程序、一个组织,任何两个节点建立的联系就是连接,网络就是许多节点连接构成的一个大系统。在该网络中,异质节点相较于同质节点,拥有不同经历和学习背景的人的加入可以更加丰富网络的内容,学习信息会更加多样。学习者置身于具有丰富学习资源的环境中,通过寻找路径进行意义建构加深自己的理解。

George Siemens 特别强调社会网络在学习中的作用。学习是创建个人社会知识网络的行为,通过建立不同节点之间的连接,使弱连接变强。每个人掌握的知识不同,在相互交流中能够接触到更多的知识,个人对知识的理解会进入更加深入、个体化的阶段。当个人学习网络发展到一定范围,可以影响更多的周围人群,在交流合作中产生新的节点,实现网络再造。慕课的课程资源和学习者都分散在网络上,课程的开放性程度越高,参与者达到一定的规模,学习效果才会更好。慕课不仅是大量的学习内容和学习者的聚集,教师和学习者也在某个共同话题或者某方面讨论的作用下联系起来。慕课注重学习通道的建立,学习通道通过学习者之间的合作交流以及学习者与学习资源之间互动建立起来。学习者在慕课学习中构建个体知识网络。

慕课平台是一个真实的网络平台,有庞大网络系统的支持,在这个平台上,学习者的整个学习过程、学习结果都完整在线呈现出来。课程组织者提供学习资源、安排互动、促进共享,课程学习者自主选择学习主题,开展学习、交流互动,进而形成学习网络。学习者学习时结合自身已有的知识经验以及生活体验,理解并巩固新知识。借助超越时间、空间的网络技术的支持,慕课建立起人们之间的社会网络。学习者基于共同兴趣学习同样的主题,在学习与交流中有能力建立超出课程本身的持续的个人以及专业联系。来自不同国家和不同背景的学习者加入学习的群体,每个人影响着周围人群,知识、观点在交流共享中实现增多、得到丰富。在课上以及课下的共享中,个体所有的知识网络进一步扩大,影响范围逐步增大。信息流在学习者个体以及学习者群体中双向流动,学习者的知识库处于不断更新之中。

二、慕课对高等教育的作用

慕课的出现,对高等教育的发展有着重大意义,它给广大学习者提供了一种与传统高等教育迥异的选择机会的学习方式。慕课对高等教育的积极作用主要有维护教育公平、促进教学改革、服务社会以及促进终身教育理念的实施。

(一)维护教育公平

教育公平作为社会公平的一个重要方面,是最基本、最重要的公平。尊重每个人平等的受教育权利,保障人人有受教育的机会,推进教育公平,是高等教育发展和社会进步的保证。

慕课的初衷是帮助学生享受优质高等教育资源,充分自由地发展。学生可以结合自身兴趣以及需要选择注册的科目,根据课程主题自由选择材料,选择互动方式,以及在截止期限的任何时间上交作业。根据学生学习步调,教师适当增加课时、添加额外的背景材料或者删除不直接体现主题的作业。评判标准会依据学生基础不同(例如教育程度和经历不同)有所变动。

一直以来,各种高等教育机构所提供的高等教育具有这样那样的局限性,由于经费、时间、地点、年龄等的限制,有众多"高等教育弱势群体"被排斥在高等教育大门之外。慕课的免费性、开放性以及大规模,刚好弥补了传统高等教育的不足。慕课打破了传统高等教育的限制,降低或者消除了原有的进入门槛,扩大了高等教育受众规模,使更多人群能够免费享受优质高等教育资源。无论是身有残疾,经济条件达不到,地理位置有限制,都不再是学习者学习的障碍。慕课的真正开放使得高等教育的辐射范围扩大,"高等教育弱势群体"的受教育权利得到了保证,受教育需求得到了满足。慕课可以惠及"非传统弱势学生",支持特定人群的教育需求,帮助其解决公认需要,形成具体成果的学习。

慕课课程体现了学习资源开放、学习者在学习面前人人平等的一种理念。首先,慕课课程容纳的人数多,使得可以接触优质高等教育资源的人数增多。各种社会阶层、各种年龄阶段、各种职业身份的人群,只要想学,只要注册,就可以学习。这是传统高等教育所不能媲美的。其次,其免费性增强了高等教育的包容性,使本被排除在高等教育范围之外的人群可以进入高等教育的圈子。优质的高等教育资源可以免费获得。所有学生享受一样的教育资源,有平等的受教育机会。最后,慕课的"虚拟课堂"形式不再需要学习者亲临现场,而是直接在网上学习。传统高等教育模式下,享受国外优质教育资源存在资金要求以及地理位置要求。慕课的出现满足了学习者的"留学梦",不需要跨出国门就可以跨越时空和所有的学生一起互动,这样的场景现在在世界各地每天都在发生。慕课打破了国与国之间的大学教育藩篱和国内高校之间无形的教育阻隔,使得教育资源共享的曙光初步展现出来。

(二)促进教学改革

1. 教学形式更加多样

相对于传统课堂的教师讲授、学生听课的单调形式,慕课课堂更加生动。拥有多样化的教学形式:面对面教学、视频点播、翻转课堂、混合课堂。课程种类也多样化,在线教室、讨论课、实践课。学生是学习的主体,课堂上充分以学生为中心。慕课没有标准化的教学内容,学习主题是不确定的,具有高度变化性。一般每周设置一个主题,主要采用探究式学习以及合作学习的方式。每门课程分为若干 10 到 20 分钟的视频,中间会弹出教师提出的一些问题,课后还有作业。学生可以自己完成问题,如有疑问可通过论坛、邮箱、Facebook 等方式进行讨论。学生在观看视频的过程中所记录的在线笔记也会反映在教师的电脑中,教师可以对学生的学习状况有所了解,及时跟进。在该种模式下,学生在学习知识的同时,自身的自主学习能力、协作能力、管理能力都得到发展并提升。

2. 师生角色更加民主

教师由传统课堂的主导者变为学生学习的辅助者和指导者。教师在学习和知识中的绝对权威逐渐减弱,学生与教师之间交流知识,学生甚至可以质疑教师一些观点的正确性,教师与学生之间的地位更加民主、平等。作为课程的主要设计者和内容提供者,教师将更加注意课程的设计与编排。慕课的开放性极大地拓宽了教师和高校的影响力,一门课程的推出可能传播到世界的任一角落。教师必须注重自身专业知识和教学技能的提高,不然可能会被淘汰。学生可以随意选择自己想听的课程,并且可以随时退出。在竞争激烈的局势下,任何一名教师都争取成为"明星教师"。在开放性的课堂中,教师将遇到前所未有的挑战,在这种形势下,教师会反思自身的不足,积极提升自己,不断更新自身的知识,从自我满足的状态中清醒。同时,慕课课程教学的复杂性离不开教师团队的共同合作,一门课的开设需要授课教师、助教、技术人员等,团队化教学成为趋势。

学生从"要我学"变成"我要学",三个字的变化更加突显学生心态的变化,学生学习的主动性、积极性更强。以学生自主学习能力为核心,学生自定学习主题,自己搜寻材料,自己确定学习的时间、地点以及学习的方式。学生团队在课程过程中发挥重要作用,学生的协作能力、自控能力支撑整个学习始终。学生的角色发生变化,由传统课堂上的被动学习者变为积极主动探索知识、内化知识的学习者。学生在论坛上寻求帮助、寻求信息、提供帮助、提供信息,学生身份由此可以是寻求帮助者、寻求信息者、提供帮助者、提供信息者。

(三)增进社会服务

高等教育是准公共产品。相对而言,接受过高等教育的工作者在劳动力市场上面临更多的选择机会。接受高等教育不仅能够提高个人获取稀缺性资源的能力,还可以提高个人将稀缺性资源转化为收入的能力。因而高等教育可以提高受教育者的收入水平,进而提高社会整体收入。

市场经济的迅速发展,对劳动者素质和技能的要求越来越高。传统教育方式规模小,人数少,难以满足大众教育的需求。因此,教育总供给与教育总需求之间总是存在矛盾。慕课为不同群体提供免费课程,丰富的教学资源可以很好地满足各层次人群的教育需求,缓解两者之间的矛盾。

慕课的宗旨是满足所有人受教育的需求,让所有人都能够接受教育。慕课在实现高等教育大众化与满足民众受教育需求方面发挥重要作用。慕课服务社会主要包括三大群体:①失去或者错过接受高等教育机会的人群。在工作和生活之余,通过慕课学习知识,继续接受教育。②毕业生人群。为走出校园的毕业生提供进一步发展自己的机会。世界飞速发展,知识更新速度加快,毕业生进入社会之后也需要不断"回炉"学习新的知识,才能紧跟社会发展的脚步。③已工作人士。为已工作人士提供职业所需的知识与技能。整个社会上有许多人需要实用的知识,以提高自身的工作能力。各高校作为社会的智力孵化器,应当充分发挥自己的优势学科的作用,为社会提供更多、更好的服务。实现优质教育资源的共享,提高教育资源的使用效率,深化知识改革,构建创新型国家,营造学习型社会,构造终身学习体系。慕课与自学考试、继续教育的结合可以更好地服务社会,扩大教育辐射范围,提高国民素质,满足民众受教育的要求。

(四)实现终身教育

1965年,保罗·郎格朗提出"终身教育"这一概念,随后这一概念逐渐完善。

其含义主要包括:第一,每个人都有发展自己的可能性,要适应社会发展的要求;第二,未来的教育应该满足人们生存、发展的需要,并为其实现提供各种渠道。终身教育的最基本思想是:学生是学习的主体,应尊重学习者意愿,关注学习者需要,帮助学习者发展。21 世纪是知识经济和网络的时代,知识和技术更新换代的速度加快。任何行业、任何年龄的人员都需要不断学习,以解决不同程度的知识老化和贫乏问题。扩充自己的知识,提升自身素质刻不容缓。终身教育可以帮助人不断积累知识与更新知识,适应科学技术发展和社会进步的需要。

慕课以学习者为中心,从学习者需求和兴趣出发,创建良好的学习环境,提供先进的学习工具,将学习者获取知识的学习欲望转化为具体的学习行为。慕课根据学习者的基础以及需求定制个性化学习方案。在轻松友好的学习氛围中,学习者主动学习并内化知识,自发形成学习群体和学习圈,随时随地展开学习。

慕课打破性别、年龄、学历等的限制,充分尊重学习者学习的意愿。据统计,就性别而言,男性课程参加者占 88%;就学历层次而言,大学本科参与者占 37%,硕士学位和专科学位各占 28%,高中毕业生比例是 27%。有超过一半参加者的主要学习目的是获得知识与技能。慕课可以帮助无法享受高等教育资源的人接受优质高等教育,无论是退休的还是经济劣势的,都可以继续发展自己。慕课打破高等教育有一定年龄范围的局限性,延伸高等教育的时间跨度,扩大高等教育的受众群体,不拘泥于特定年龄、特定群体,使高等教育成为一种社会型、普遍性的福利。

慕课的出发点是满足学习者学习的需求,使更多的人有机会享受优质高等教育。在整个过程中师资力量更强,学习者拥有更多的选择且有自由选择的权利。慕课具有丰富的教育资源,学习者学习兴趣以及学习自由得到充分尊重。慕课充分给予所有学习者自由发展自己、提升自己的机会并尊重这一权利。在慕课的环境下,学习者能够切实践行终身教育理念,终身不断进行发展。

三、慕课的核心理念解读

理念是超越现象经验的理性表达,蕴藏在新生事物产生发展的实践逻辑之中,表征新生事物的内在本质及现实合理性。随着慕课教学模式的初步成型、多家平台供应商的争相涌现、大量风险基金与慈善基金的介入和众多世界一流高校的加盟,慕课作为一种崭新的在线教育形式开始热遍全球。面对慕课的兴起,人们或兴奋或困惑,或希望满怀或忧心忡忡。在复杂情绪的纠葛下,越来越多的人开始追问慕课的本质内涵、发展前景及其价值意义。理念追问或许是解开慕课热神秘面纱的一个重要路径。全面认识和把握慕课的核心理念,有助于理性解答慕课"为何而生、为何而存"的前提性、基础性问题。

教育理念来源于时代要求。有什么样的时代背景,就催生什么样的教育理念。20 世纪末,信息技术革命在全球范围蓬勃兴起,使互联网成为迄今为止人类最为强大、最富变革精神的生产交往工具,"网上贸易""网上医疗""网上企业"等新的人类生产交往方式层出不穷。在此情况下,"网上教育"已成为人类教育事业顺应信息化浪潮、推进教育改革的新的思路和前景,推动了教育形态的更新发展:终身学习正成为各个社会阶层及年龄段的普遍需要,教育成为世界范围人力资源激烈竞争的重要依托,受教育人数大规模增加,学生生源的空间分布、教育合作交流的主体对象、质量认证的机构标准也逐步越出民族、国家范围而延伸至整个世界。在此情况下,信息化、大众化、全球化等一系列新的教育理念应运而生。慕课理念是上述教育理念的具体化,也是人类教育理念发展的新成果、新阶段。

(一)优质教育资源全球免费共享

共享教育资源,使人人都享有受教育的权利,是人类教育发展史的一个永恒主题。早在古希腊时期,柏拉图就提出教育平等的思想,倡导实施初等义务教育,适龄儿童自动接受教育,城邦内的公民享有接受教育的平等权利。

近代以来,随着资本主义的发展,人的自我意识被解放出来,人的独立性和平等观念大大增强,教育平等观念不断凸显。这一时期教育平等观念的基本内涵是以人为本,以人权为核心,以法律为保障,以公共义务教育制度为依托。但西方近代的教育平等更突出的是形式上的平等,而非实质上的平等,多强调权利、制度保障、法律规范等。相对于古代教育在阶级上的不平等,这是历史的进步,但并不是平等的完成形态或完美形态。

与近代教育平等主义相比,现代教育平等主义更加注重教育的起点、过程和结果的"综合平等",更趋近于实质上的平等(与近代的形式平等相对应);更加侧重人的发展,将教育的平等与人的发展紧密结合起来,人在整个教育活动中的地位和价值不断凸显;更加注重现代科学技术的发展在实现教育平等中的作用,科学技术的发展与教育的发展紧密结合起来。教育平等更加注重人的全面发展,不仅在教育理论上倡导平等,而且开始注重实践意义上的教育平等。

以开放和共享为基本理念的开放教育资源运动（OER）是教育平等理念中的开放性诉求在现代西方大学中应用与发展的转折点。开放教育资源运动始于 2001 年美国麻省理工学院的"开放课件"项目，2002 年联合国教科文组织提出将"开放课件"发展成为"开放教育资源"。由此开放教育资源运动蓬勃开展起来，经过十余年的探索和实践，已成为世界性浪潮，受益者众多。开放教育资源运动在发展的过程中形成了几个共识：一是促进知识共享；二是减少教育成本；三是增强创新能力；四是发展合作精神。

慕课作为开放教育资源运动发展的最新形态，秉承着教育资源共享的核心理念和最高愿景，强调知识应当突破地域、文化、经济等因素的限制，实现教育资源的全世界、全人类免费共享。慕课是全球化、信息化背景下教育发展与科学技术进步、社会发展紧密结合的当代体现和当代形态，它使教育平等的当代发展出现新的发展契机和空间。首先，慕课对学习者的"低门槛"要求凸显了知识的公平开放性。知识的公平开放是教育平等的一个重要内涵，包括知识对其面向的受众群体是否有限制，传播方式与传播速度是否与当下的技术水平相符合，以及在教育资源的分配上能否做到教育均衡。慕课在教育对象方面不设置任何制约条件，只需有网络和终端设备便可以成为慕课学习者，教育过程中学习者以匿名身份参与学习，并在过程中参与互相讨论、生生互评等环节，确保了学习者获取知识的机会均等。其次，慕课自由灵活的学习方式使教育平等理念更具可操作性。慕课的学习方式十分灵活，一般对学习动机、时间、场所等并无严格要求，属于一种非正式学习方式。学习者选修相关课程，可以是出于对某类知识的兴趣和偏好，也可以是出于职业选择或发展需要。学习者不需要在特定时间内完成课程学习，即使是有始无终、浅尝辄止也没有任何损失。这种自由灵活的学习方式为慕课吸引不同学习动机和不同职业身份的学习者提供了必要前提。也正是在此意义上，慕课使教育平等与学习者个体的个性化学习紧密相连，可以根据主体的多样需求选择适合自己的教育内容，并结合慕课后台的教育"大数据"分析，把握自身学习发展的特点及规律，形成与自身学习发展相适应的独特学习轨迹，充分体现教育平等内涵从共性向个性的跃进。

（二）现代教育与信息技术深度融合

教育活动是整个社会生活的重要组成部分，也是整个人类文明进步的重要动力；反之，社会发展和社会需求也会引领和带动教育的发展，在这个意义上，教育的发展与社会的发展具有内在一致性。社会发展的基本尺度和根本动力是生产力,作为第一生产力的科学技术与教育有着密切的关系。马克思、恩格斯最早把科学技术纳入生产力的范畴,资本是以生产力的一定的现有的历史发展为前提的,在这些生产力中也包括科学技术,他认为科学技术大大提高了劳动生产率,缩短了社会必要劳动时间,在生产发展中起决定性作用。当今世界社会生产力有这样巨大的发展,劳动生产率有这样大幅度的提高,最主要的是靠科学的力量、技术的力量。在"科学技术是第一生产力"思想的指导下,中国共产党第三代中央领导集体面对知识经济的发展和第三次科技革命带来的巨大变化,提出了"科教兴国"战略,把科技和教育摆在经济、社会发展的重要位置,确立科技和教育是兴国的必要手段和基础方针。《国家中长期教育改革和发展规划纲要(2010—2020 年)》明确指出:"信息技术对教育发展具有革命性影响,必须予以高度重视。"

在古代社会,由于教育范围的有限性和教育主要依靠经验的状况,教育的发展与科学技术发展仍处于相对分离的状态,新的生产工具的更新和技术的进步并未对教育产生广泛而深刻的影响。但是,现代意义的科学技术诞生以来,越来越同教育的发展结合起来,相互促进。一方面,教育作为提升人们文化水平和综合素质的活动,构成了推动科学技术的发明创造的前提和基础;另一方面,技术的变革和更新反过来又会推动教育的更新、发展与变革。二者是相辅相成、相互促进的关系。特别是第三次科学技术革命以来,教育与信息技术的结合诞生了现代意义的教育技术,教育技术的迅猛发展更加彰显了教育发展与科学技术发展的紧密性,极大地推动了科学技术在教育领域中的运用,表现为教育从传统向现代的转变以及人类的文化形态由精英文化向大众文化的转变。

近年来,现代科学技术的飞速发展,特别是网络信息技术的革命性发展及其在社会生活各方面的广泛应用,深刻地改变了人们的生活方式、思维方式和言语方式。首先,带来了信息来源的多样化、信息选择的灵活化和信息获取的便捷化,影响了知识的生产、传播方式以及人与知识的关系,知识在传播的数量、速度和深广度方面都有显著飞跃,促使教育者必须跟进知识更新的速度。其次,改变了课堂中心的教育观念,学生可以轻易获取海量信息,使教育工作者的权威地位受到威胁,教育工作者不得不采用更加谦虚与民主的姿态开展教育,利用先进技术完善教学模式,企图在技术变革的刺激下寻求教育变革之路,由传统的课堂取向转向学生取向。最后,在原有的教育模式基础上扩大了教学范围、创造了新型的教学秩序。教与学突破一时一地的限制，教学秩序突破教师的实时监管。

现代教育与前沿信息技术在理念和实践上相互借鉴、相互影响，并逐步走向深度融合，这为教育资源突破时空限制，实现共享，提供了可能和基本保证，同时也对教育资源的灵活性提出了更高的要求。现代化信息技术为教育的发展提供了传播和应用的保障，俨然已经成为实现当代教育改革的强大支持力量。慕课便是适应教育资源灵活性要求、适应各国希望进一步推进国内教育改革的要求而出现的，是与互联网技术紧密相连、将技术发展与教育发展结合起来的典范。

此前的在线课程没有数据后台支持，本质上属于课程视频的网上资源汇聚与发布性质，而慕课真正将在线学习、社交服务、大数据分析、移动互联网等最前沿的信息技术手段与教育内容融为一体，为现代教育赋予了新的时代内涵和变革意义。值得注意的是，在慕课兴起进程中，技术平台开始从教育内容提供者（大学与教师）中剥离出来，逐渐成为教育生态体系中新的独立主体，发挥着技术支持、教学联通、市场运营等重要作用。这一新的平台主体的出现和专业化运营，标志着人文理念与科学精神开始在教育领域携手并进。随着技术的实质性加盟，教育开始突破原有的"教师—学生"二元教育生态格局，进一步彰显了信息技术在现代教育中的独特地位和价值。

四、慕课实践探索中的问题与反思

在慕课浪潮日益汹涌的同时，人们也在尝试总结把握其面临的种种问题。当前涉及的问题主要体现在具体教学和技术层面，包括课程完成率不高、学习效果难以认证、大数据功效尚未充分体现等。我们更应当从教育改革发展这一更为宏观的视角和思维出发，发现和把握在慕课理论与实践进程中遇到的带有瓶颈性、根本性的深层次问题，这些问题直接关系到慕课未来的可持续发展，也很可能关乎现代教育改革的创新发展。

(一)继承与创新：慕课与传统教育模式的关系

关于慕课的基本类型，目前一般的划分方法是分为 cMOOC 和 xMOOC 两种。不同类型的慕课以不同的教学理论和思想为指导，以此为依据构建起的课程形态和教学模式也大不相同。cMOOC 是慕课的最早形态。cMOOC 以关联主义学习理论为主要教学思想,认为知识的本质是"网络化的联结",强调知识获取的"去中心化"以及知识的创造与生成。课程主要依靠 Wiki、RSS 订阅、Moodle 在线论坛、网络研讨、博客等在线工具进行设计和实施。较具代表性的课程有 CCK08、PLENK2010 和 eduMOOC。xMOOC 是当前在世界范围广泛传播的一种慕课形态。它基于传统的行为主义学习理论,以教师讲授为核心,学生在学习中更多扮演的是知识"接受者"的角色。当前世界上绝大多数慕课学习者接触到的是 xMOOC。

这反映出当前慕课实践中存在的一个突出矛盾:代表传统教育理念的 xMOOC 得以大规模传播,而代表教育前沿理念的 cMOOC 却难以得到推广。

xMOOC 在世界范围的大规模、跨越式发展有其深层次原因。其一,它的独特优势在于对于学习者而言简便易行,熟悉亲切,与传统的大学课堂教学模式最相近。其二,来自全球各地的学习者在以往的学习中更多面临的是无法接触到顶尖的教育资源。因此,实现与名校、名师、名课的"亲密接触"成为多数人的首选,而不是关注其教育理念是否先进,有多先进。其三,xMOOC 的部分平台带有商业化、市场化性质,本着多数互联网企业"先抢占市场,再回本盈利"的原则,运营商往往不惜重金进行宣传与推广,尽可能在最短时间影响到最大范围的人群,正是这种投资意识的驱动使 xMOOC 有了跨越式发展。而反观 cMOOC 的产生与发展,则更大程度上体现为纯粹的知识驱动,课堂多有小规模、重互动、重效果等特点,因此虽然产生早于 xMOOC,但并没有形成世界性的轰动效应。

事实上,不同教育理念支持下形成的这两种慕课类型各有优势,xMOOC 利于知识的复制与传播,cMOOC 则利于知识的生成与创新。未来慕课发展更可能会走向不同教育理念与模式的混合运用。

(二)投入与产出:慕课的可持续发展

人们通常认为,由于规模大、资源广,慕课会比传统课程"便宜得多"。这似乎是可能的,但当下的效果并没有那么明显。平台运营商、高校、教师、学习者等慕课教育生态圈中的不同主体在维持发展上都有不同方面和程度的投入。着眼长远,如不能形成相对成熟合理的回馈机制,慕课发展也将是不可持续的。

平台运营商方面,虽然一些规模较大的慕课平台吸引到了一些高额风险投资,但未来的资本和收益模式仍不明朗。理论上,慕课运营商的收益渠道有很多,Coursera 与一所合作院校签订的合同副本中的合作协议结尾处有一小节谈到"可能的公司货币战略",列举了 8 种潜在的收益模式,它们是:①学习证书(学生付费取得证章或证书);②安全评测(学生付费取得考试时的监察);③员工招募(公司付费以便取得学生的学业档案);④申请者筛选(雇主/大学付费取得学生学业档案以便筛选申请者);⑤人员辅导或作业批改(学生付费);⑥将大规模开放在线课程平台出售给企业用于它们自己的培训课程;⑦赞助(课程的第三方赞助商);⑧学费。就目前而言,上述收益途径的大部分 Coursera 仍未大范围实施。

高校与教师方面,负责组织提供优质课程内容。高校参与的动力往往在于提高高校课程教学的知名度和影响力,扩大教育渠道,占领教育领域先驱之地。但一些学者认为,高校在这场运动中处于经济零收益的位置,难以维系。作为慕课课程内容的直接生产者,教师需要投入大量的时间和精力,包括参与制作教学视频、教学流程设计与说明、发帖来收集反馈信息和答疑解惑等。部分慕课教师认为,这甚至干扰了他们正常的教学与科研职责,使他们自己的研究生也不得不占用时间做准备慕课课程的志愿活动。当前,教师参与慕课的热情主要来源于可能收获的学术知名度和影响力,"得天下英才而教育之"的教育理想,刺激自身教学水平提高的需要等,也没有明确的经济收益。有学者认为,这种零报酬机制是不可持续的,因为人们往往忽略了一个事实:那些慕课"明星"——少数极具个人魅力、擅于有效沟通的教师,最终会像真正的明星一样得到同等报酬。在慕课当下的发展中,我们仿佛置身于早期的好莱坞工作室:影星们几乎没有报酬,工作室获取全部的利润。这种模式没能坚持下来,因为最终还是那些明星是稀缺资源,而不是工作室。今天,那些具有独特气质、能确保电影票房的演员也同样可以拿到高额片酬。如果慕课真正流行起来,那些最抢手的教师就会终止合同,无论给多少钱他们都不会继续做下去了。

可以看出,以当下的经济运行模式,慕课能否做到经济上的可持续发展,目前还无法得到有效证明与预测。慕课的运营模式尚未成型,仍处在不惜成本抢占市场的"烧钱"阶段。这种现状固然与慕课发展时间较短以及实行"重抢占市场与客户群,轻成本与回报"的前期发展战略有关,但也不应忽视收支平衡和盈利问题,切忌把慕课炒作成新的"商业泡沫"。

(三)颠覆抑或融入:慕课对待传统教育体制的态度

在慕课短短几年的发展历程中,平台运营商与大学之间的关系也在发生微妙的变化。慕课首先是以教育"革命者"的形象横空出世,毫不隐讳地称将彻底颠覆传统教育体系。按照 Udacity 共同创始人兼 CEO 塞巴斯蒂安·特隆的估计,未来 50 年里美国 4500 所大学至多剩下一半。随着运营商与大学的合作走向深入,一些更为尖锐的矛盾和冲突逐渐凸显出来。究其根本在于,第三方运营商目前还难以撼动高等教育机构在学分和学位上的垄断地位。

基于这种现状,一些运营商开始做出让步,由激烈转向温和,由破坏转为服务,尝试循序渐进地融入现有的高等教育系统。于是有人开始对慕课引发传统教育体制革命、取代传统教育模式这一论断进行深入反思。哈索·普拉特纳学院的 CEO 克里斯多夫·梅内尔(Christoph Meinel)教授认为:"MOOC 是对传统大学的颠覆性延伸而不是威胁。MOOC 不能取代现存的以校园为基础的教育模式,但是它将创造一个传统的大学过去无法企及的、完全新的、更大的市场,因为传统的大学校园的物理限制。"也有人认为,慕课不会取代传统教育模式,因为当前运行的慕课平台都是在传统大学课程的基础上发展起来的,且大学教育本身是一个整体性、过程性的学习成长体验历程,不是仅靠课程所能全部囊括的。慕课平台应当致力于成为社会性、公益性组织,通过与名校合作来共同寻找最适合学习者的教育模式而不是取代它。

总之,就目前发展而言,慕课可能不会像某些人想象的那样成为一种革命性的力量。它不一定会走向消亡,但也不会像那些大公司预言的那样具有颠覆性。站在慕课运营商的立场,他们自然不会满足于游离在教育体系的边缘,而是期待成为主流教育的一部分。但考虑到目前高校对学分学位授予权的机构垄断,他们也会更多地考虑如何为大学服务,而不是去破坏。然而,仅仅立足于为大学提供相应的技术与服务,又会使慕课丧失其独有的"大规模""开放"等本质特征,沦为高等教育技术服务商的传统角色。如何在"颠覆"与"融入"两个端点中找到一个中间点,既能够与大学教育体系有效衔接,又能保持自身独立的主体性,这是一个值得深思的问题。

五、高校体育课程慕课设计的原则

(一)视频时长的控制

学生在课堂上学习时,注意力十分集中的状态通常可以持续 10 分钟左右,所以慕课的设计应当遵循这一规律,在制作视频资料时,应当保证其平均时长保持 10 分钟即可。与普通意义上的精品课程不同,慕课视频的短时间设计可以充分利用大学生的学习特点,将教学的重点集中在 10 分钟的视频,可以使大学生持续保持较高的注意力,从而促进课堂教学效率的提升。

(二)考虑学生的个体差异

学生在进入大学阶段以前,接触到的体育教育程度不同,而且学生自身的身体素质也各不相同,所以在进行慕课教学课件的设计时,要充分考虑到学生的个体差异性。同时,有的教师在进行慕课视频设计时,起点过高,按照专业运动员技能学习的顺序和要求进行设计和讲解,没有体育基础的学生接受的难度较大,而且关于技术动作的讲解不够细致,影响学生学习的积极性。因此,进行视频设计时,应当从体育课程教学内容的要求出发,对技术与技能的关键点进行合理选择,结合学生对于体育技能的认知与掌握的基础,合理地设计讲解和测试环节,尤其是对于零基础的学生,应当考虑到适合初学者的学习方案,才能不断培养学生的兴趣以及学习的信心,使学生积极地参与到体育课程学习中。

(三)用多媒体手段展示教材内容

运用多媒体手段将教材内容进行展示,可以将枯燥的、抽象的教材知识转变为动态的视频影像,可以为学生带来更加直观的感受,有利于促进教学活动的有效开展。通常情况下,由多个微课共同构成一个完整的慕课模式,而每个微课中涉及的教学内容,都可以按照教学大纲的要求进行设置,而为了增强课件的丰富性,可以将教材中的内容应用多媒体手段进行展示和讲解,这种数字化的处理手段可以增添课堂学习的乐趣,也可以将知识点相关的赛事和训练视频导入课堂中,通过慢放、回放等不同的形式,对技术难点进行细讲、精讲,从而让学生更好地掌握运动技能。同时,运用慕课中的点评测试系统,可以对学生掌握技能的情况进行评价,再运用多媒体技术进行综合输出,从而发挥慕课作为辅助教学模式的作用,提高课堂教学效率。

(四)灵活选择技能要点与知识点

运动技能的选择往往是影响学生学习效果的重要因素,结合教学大纲的要求以及体育教学的实际情况,按照不同的技能点进行排列,而不需要严格按照专业竞技体育的训练方式进行排列。同时,慕课的设计也应当考虑到学生的兴趣,给予学生足够的自主探究的空间,进行灵活安排,才能激发学生学习的兴趣,并且达到更好的学习效果。所以,要求教师对体育课程中涉及的技能点有个全面的掌握,并且了解学生的学习思维和习惯,才能在慕课设计时很好地掌握教学的难度以及对学生的引导,帮助学生更快地找到适合自己的学习方法,促进教学效率的提升。比如在篮球教学中,很多女学生对于篮球的认知都十分有限,只有少数的学生接触过篮球而且参与过篮球训练,而以往的篮球课程教学中大多是从运球、传球等技能开始学习,学生需要反复地练习,对学习的效果无法做出客观的评价,学生的学习兴趣自然也会受到影响。应用慕课模式,可以将篮球正面投篮、运球的课程安排技能学习,在这个训练的过程中,学生自然可以培养出运球和投篮的手感,而且可以与其他学生组成小组共同练习,增强练习的趣味性,有利于激发学生的兴趣。

(五)反馈测试的设计应当具有针对性

在进行慕课设计时,必须注重反馈设计的针对性,才能更全面地掌握学生的学习情况。在当前的课程教学模式下,对于学生的学习情况调查主要依靠回答问题的方式,无法专门针对学生做出具体的测试。很多运动技能的掌握需要通过不断重复的练习,而仅仅依靠短暂的慕课是无法完全掌握的,所以可以针对学生理论、文字等内容进行问题的设置,了解学生对技能的掌握程度,加之合适的训练,就可以形成有效的评价结果,为后续教学活动的调整提供依据。

(六)增强教师与学生的互动

慕课是一种在线课程学习模式,所以无论是教师还是学生,都处在同一个交流平台上,教师与学生之间的互动对于慕课学习的成效会产生很大的影响。在互动平台上,可以利用论坛、微博等媒体在教师和学生之间形成互动媒体,将零碎的网络信息和学习资源进行整合与传递,帮助学生增强筛选和分辨信息的能力,促进师生之间建立起良好的关系,有利于促进体育课程整体教学效果的提升。

六、慕课对高校公共体育课程教学改革的影响

在 21 世纪发展的今天,科学技术的快速发展已经进入我们生活的方方面面,相对应的高校教学的发展,也要紧跟时代发展的潮流,确保高校教学的发展

能够符合社会发展的需要。目前,我国高校中的公共体育课程教学,是在社会快速发展的背景下进行的课程教学,因为只有适应社会和大学生的需要,才能提高大学生学习公共体育课程的兴趣,激发他们的潜力,这样不仅可以达到教师的教学目标,而且可以提高高校公共体育教学的质量。

在目前慕课的发展趋势下,各大高校都在把慕课引进校园,慕课是由西方发达国家发起的,适合西方的教育,对中国特色体制下的教育不一定完全适合,我们不能完全照搬,但我们可以取其优点并结合自身教育加以改进运用,给高校公共体育课程教学改革添加新的元素、新的活力。高校公共体育课运用现代化科学技术,使大学生更好地掌握运动技能,为终身体育锻炼打下很好的基础。

七、慕课视野下高校公共体育课程教学改革的思路

(一)把慕课与传统高校体育课程有机结合

慕课是由 5~15 分钟的微视频连起来的,慕课包括讲授、参与、讨论、作业、反馈、评价、考核与证书的发放等多方面,有完整的教学模式和评价标准,而且开放程度高、规模较大、容易获得,强调学习的体验和互动。体育课程通过合理的体育教育和锻炼,促进了大学生的全面发展和身心健康,在高校课程体系中占有重要地位,对高校体育工作有着很大影响。高校公共体育课程与其他学科相比,有其特殊性,以实践活动为主,大学生通过体育锻炼可以塑造体形,增强体魄,愉悦身心。对慕课不可以过于依赖,体育的实践有体育理论的指导,慕课可以辅助高校公共体育课程,使得优质的资源得到分享,在高校体育课程教学改革中起到一定的作用。

(二)建立校园共享网络平台

有了慕课,大学生可以听到世界一流大学老师的课,大学生可以追求的名师、名课了。这也大大改善了学校教育资源的不均衡,慕课共享了很多优势资源,尤其是专业知识方面。但公共体育课有其特殊性,它主要是让大学生身体得到锻炼,培养终身体育的意识。建立校园共享网络平台,体育教师可以在这个平台上分享一些优质的课程资源供大学生学习,体育教师把所授内容单元化,并添加媒体教学资源。师生可以通过校园共享网络平台进行交流、互评,更有助于教师在体育课上有针对性地对大学生进行指导,从而达到翻转课堂的效果。

(三)翻转课堂的体育课程教学模型设计

翻转课堂可以实现知识的传授和内化的颠倒。将传统体育动作要领、方法等内容移至课前完成,利用电脑和手机观看校园网络平台上的一些视频短片,让大学生对所学运动技能有个完整概念。知识的内化则由原先课后的练习活动转移到课堂中来练习。体育教师可以有针对性地来进行教学。

第三节　智慧课堂教学模式在高校体育教学中的应用

一、智慧课堂概述

(一)智慧课堂的含义

智慧课堂的提出和发展实际上是学校教育信息化聚焦教学、课堂、师生活动的必然趋势。关于智慧课堂的含义,从不同的视角来看有不同的理解。"智慧"通常包含心理学意义上的"聪敏、有见解、有谋略"和技术上的"智能化"两个不同层面的含义。因此,对智慧课堂的概念有两种视角的理解:一种是从教育视角提出的,新的课程理念认为,课堂教学不是简单的知识传授或学习的过程,而是师生情感与智慧综合生成的过程,智慧课堂的根本任务是开发学生的智慧。这里智慧课堂的概念是相对于知识课堂而言的。另一种是从信息化视角提出的,指利用先进的信息技术手段实现课堂教学的信息化、智能化,构建富有智慧的教学环境。这里智慧课堂的概念是相对于传统课堂而言的。事实上,上述两种视角的认识是紧密关联的,利用信息技术创设富有智慧的课堂教学环境,其根本目的也是促进知识课堂向智慧课堂转变,实现学生的智慧发展。本书所使用的概念是侧重于后一种视角而提出的,从信息化视角建立智慧课堂的概念,是开展信息化教学研究的前提,也是构建智慧课堂理论与实践体系的逻辑起点。

从信息化的视角来看,智慧课堂是信息化课堂发展的结果。2008 年,IBM最早提出"智慧地球"的概念,随后国内外出现智慧城市、智慧教育、智慧课堂、智慧学习等概念。实际上,IBM 使用与广泛推广"智慧地球",并将其应用于教育领域,从而率先提出"智慧教育"的概念及内涵。基于这一理解,现在人们广泛应用的智慧课堂实质上就是智能化课堂,是从信息化的视角来界定的,即使用先进的信息技术实现教育手段的智能化,使课堂教学环境更加富有智慧,进而实现教育教学的智慧化。因此,我们将智慧课堂理解为:在信息技术的支持下,通过变革教学方式方法,将技术融入课堂教学,构建个性化、智能化、数字化的课堂学习环境,打破传统的单向教学,实现师生的双向互动,切实提高教学质量和教学效率。

(二)智慧课堂的特征

学生智慧的生成要经历一个知识经验的准备、积累、反思与质疑的酝酿孵化和豁然开朗的顿悟,最终形成新观念、新想法的过程。智慧课堂作为启迪学生智慧的场所,从教学方式来看,教师重视启发与诱导,教学手段具有激发性;从学生的学习过程看,智慧生成主要是在知识经验积累中经历直觉感悟的过程,因而具有顿悟性;从课堂教学过程和教学结果看,智慧课堂教学具有创新性、开放性、生成性、体验性等基本特征。

1. 激发性

智慧教学手段具有典型的激发性和启迪性,指的是教师在教学过程中抓住学生的智慧生成时机,通过及时激发、启迪,使学生的思想得到升华,潜能得到显发,使其茅塞顿开,豁然开朗,悠然心会。孔子在《论语·述而》中说:"不愤不启,不悱不发。举一隅不以三隅反,则不复也。""愤"指的是人们苦苦思索而未果的状态,而"悱"则是想表达而又力不从心、难以表达清楚的状态。教师要抓住这个宝贵的教育时机,采用启发的教育方法,开启学生的心智,使其心智觉醒,智慧萌发。

当代心理学认为,人的思维有一种非常有利于智慧发展的状态,即当人的大脑皮层区域对某一特定问题不断地恢复联系和形成联系并达到一定程度的时候,就会产生一种持续的以感知、记忆、思考、联想为基础的高度活跃的思维状态。这种思维状态就是"思维流",它是人思维发展过程中的一种高级阶段,是智慧生成的关键时期。学生在学习时,思维一旦进入这种状态就具有极佳的学习效果。为了使学生达到这种注意力高度集中,大脑皮层高度兴奋,思维高度活跃且时间持续较长的状态,教师在课堂教学中要创造激发性的教学情境,使学生充满信心、心情愉悦、有较高的自觉性、反应敏捷、联想丰富,从而达到较高的学习和研究效率,生成智慧。这种激发性的教学情境需要教师运用自己的教育智慧,有意识地开发,敏锐地发现,通过生动的情境和宽松的氛围,激发学生兴趣,让学生在敢想、敢问、敢争论中思维得到激活,心智得到唤醒与开发。教师以智启智、以情唤情,学生的思维在教师创造的生动活泼的课堂氛围中得以开掘,情感喷薄而出。

改变传统课堂中教师是知识传授者、教材阐释者、知识垄断者的角色,应该重新定位课堂中教师是有效促进者、成功组织者、平等合作者、新锐创造者等新型角色。教师通过点拨学习方法、激活创新思维,做学生学习的有效促进者;教师作为"平等中的首席",通过调控学习过程、组织多元评价,做学生学习的成功组织者;教师通过筛选原型素材、教学活动互动、教学成果互享,做学生学习的平等合作者;教师通过反思教学行为、养成教学风格,做课程实施的新锐创造者。总之,教师借助角色转换,能有效促进课堂的交往互动。

课堂上教师应把互动的本质把握在思维互动上。实现思维互动的策略有三个方面:一是趣味引"动",即用生动的事例,把学生带入课堂知识的学习;二是问题激"动",即用课堂中生发的问题来激发互动,由学生提出环环相扣的问题,在问题解决的过程中,师生共同剖析、交换观点、深化理解;三是实验带"动",实施实验教学,在实验现象的分析、实验步骤的设计、实验结果的假设和推论中,活跃思维,让师生积极投入其中。

2. 顿悟性

(1)顿悟的定义与特点

所谓顿悟,就是突然理解,不经逻辑分析推理而仅凭直觉一下子领悟到学习对象的本质特征。顿悟现象的主要特点可概括为以下几点:

①在问题解决之前,常有一个困惑或沉静的时期,在该阶段问题解决者表现为迟疑不决并伴有长时间的停顿,这可以视为问题解决的"潜伏期"。

②从问题解决前到问题解决之间的过渡不是一种渐变的过程,而是一种突发性的质变过程,而且这种突然出现的可能是问题的解决方案,或解决方案即将出现的意识闪现。

③在问题解决阶段,行为的操作是一个顺利、持续的过程,从而形成一个连续的完整体,很少有错误行为。

④顿悟依赖于情境,当解决方法的基本部分与当前情境之间的关系比较容

易察觉时,就容易出现顿悟。

⑤顿悟与工作记忆、长时记忆都有联系,由顿悟获得的问题解决方法能在记忆中保持较长时间。

⑥顿悟的关键加工机制是类比迁移,在一种情境中产生的顿悟可以迁移到新的场合中去。

(2)智慧教学中顿悟的作用

智慧教学的顿悟性是指在教学过程中师生思维处于活跃升华的状态时,由于某种偶然因素的启发或课堂情境的刺激,使正在探索的或者长期探讨而未解决的问题突然得到解决的思维过程。在智慧教学过程中,顿悟具有十分重要的功能和作用。

首先,顿悟有利于发挥学生的主观能动性,诱发学生的学习积极性,提高教学效率。当学生的思维在对知识接受、运用、转化时,其思维处于异常活跃的状态,而此时学生在教师的精心引导下,通过主体自身的活动对知识进行顿悟,主体的功能得到最大限度地挖掘,学生在每次顿悟中,情绪得到提高,同时引起感情上的愉悦,增强学习兴趣。当顿悟出现时,课堂气氛热烈、师生思路通畅、想象活跃、反应灵敏。一方面,这种课堂最大限度地调动了学生学习的积极性、自觉性和主动性,让学生在深切的感悟、领悟和顿悟中体验愉快、成功的喜悦。另一方面,它使教师的教和学生的学都处于一种酣畅淋漓、得心应手的状态,促进师生智慧的共生。

其次,顿悟有利于培养学生的创新思维能力。运用顿悟思维方法进行顿悟创造活动,"这个创造活动表现出的思维机制是:灵感—直觉—顿悟"。顿悟是创造过程中关键的一环,创造主体根据所提出的问题进行信息材料的积累和想象,由于触媒而诱发灵感,灵感爆发的"思想闪光"和"思想跃迁"引导进入直觉,通过直觉道路,即由灵感或直接经验通过直觉道路飞跃到顿悟,即由特殊上升到一般。这是一个完整的创造活动的过程。

灵感现象的特征可以归纳为如下三点:第一,突发性。灵感往往是不期而至,突如其来的。第二,短暂性。灵感常常"如兔起鹘落,少纵则逝矣"。第三,突破性。灵感是思维过程中的突破阶段,是"山重水复疑无路"之后,"柳暗花明又一村"的豁然开朗,是认识由量变到质变飞跃的顿悟。在课堂教学中,学生的灵感思维在困顿之中受到问题环境的激发,出现"思想闪光"和"思想跃迁",继而运用直觉的"思维的感觉"和"智慧的视力"去把握思想闪光和思想跃迁的本质是什么;最后突然明白、突然抓住"思想闪光"和"思想跃迁"的本质成果。学生在悟出新见解的过程中,突破了思维定式,冲破了现成观念的束缚,使思维进入新的空间,这种不断感悟、顿悟的结果是形成新的思想,提升精神世界,促进创新思维能力的发展。然而顿悟作为一种突如其来的具有爆发性的思维方式,是建立在一定的知识积累和实践经验的基础上的,是主体对于特定对象进行深入思考、探究的结果。

(3)智慧课堂中顿悟激发与生成的条件

智慧课堂中教师要为学生顿悟的激发与生成积极创造有利条件。首先,由于学生的顿悟思维必须建立在相关知识储备、思维能力发展的基础上,通过思考调动以往的知识和经验,重新组织学习材料,并突然地领悟材料中的关系,从而使问题得以解决,因此顿悟学习的问题难度不宜太大,否则学生将学而无功,会产生无助感,感到自己对一切都无能为力,丧失信心,进而造成学习动机下降,情绪失调,形成认知性障碍,对学习心灰意冷,对本来能够掌握的内容也变得束手无策。其次,顿悟学习是通过学生的思考来实现的,顿悟学习的主体是学生,教师在其中只是充当引路人、助手的角色,为学生提供或推荐学习材料,给学生以恰当的点拨或暗示,绝不能颠倒主次。因而教师应建立以学生为中心的教育理念,在课堂上适当少一些逻辑性的分析说教,多启发,多引导,多给学生一点时间,让学生自主精思,自主领悟。最后,顿悟是一种综合性的对以往经验的运用或升华,是通过重新组织知觉环境并领悟其中的关系而实现的。知识结构的系统性在顿悟学习中起着重要的作用。学习者已有的知识结构是否清晰、准确、完备,是否有条理、有系统,就成了影响顿悟学习的重要因素。布鲁纳认为,学生掌握了学科的基本概念、基本原理以及它们之间的有机联系,对新教材的理解就有了基础,就可以对具体事例举一反三。

教师在智慧课堂教学中,根据教学内容的需要,一方面,要教给学生相应的知识,搭建好知识框架,以便学生在顿悟学习的过程当中能够快捷、准确地检索到解决问题的知识信息;另一方面,要设置启迪智慧的课堂问题,在难易适度的情况下考虑学生新旧知识的联系,确保问题的新颖性和趣味性,从而激发学生的求知欲和好奇心,造成学生认知上的冲突和不平衡。师生在这种课堂情境中,通过情境的体验、心灵的沟通,进而产生情感共鸣、思维共振,达到得鱼忘筌的顿悟之境。

3. 创新性

智慧教学的创新性指的是课堂教学旨在通过启发学生的创新意识,发展学生的创新思维,使学生的创新能力得到提高。因为学生的智慧生成既可以表现为与众不同的思想观点或新颖独到的解决办法,也可以表现为准确无误的预测判断或切实有效的行为选择,但根本之处应在于学生思维的创新性,这是产生智慧火花的关键所在。智慧课堂中教师应致力于使学生善于发现和挖掘思维的新起点,寻找思维的新视角,养成把顺向思维和逆向思维等多种思维方式综合运用的习惯,从而提高自身的创新思维和实践能力。创新是学生智慧生成的重要特征,课堂教学要重视学生创新思维能力的培养,鼓励学生的批判和怀疑精神,具体表现在以下两方面。

(1)敢于批判质疑,培养创新意识

质疑是探索知识、发现问题的开始,是获得真知、增长智慧的关键环节。因而从学生的好奇心、求知欲出发,着眼于解放学生的大脑,让他们敢想;解放学生的嘴巴,让他们敢问,积极引导学生养成勤于思考,善于提问的习惯,才能激发学生思维的火花,唤醒他们的创新意识。

在智慧教学中,教师要有意识地设置矛盾,让学生发现问题,提出问题,培养学生主动质疑的精神,重视每个学生创造、创新的天赋,让他们随时都可能迸发出各种各样智慧、新奇的思维火花。

(2)克服思维定式的不良影响,培养创新思维

定式即心向,是心理活动的一种准备状态。而思维定式是指人们习惯于用某种固定的方式去考虑问题的思维倾向,也就是人们长期生活在某种环境中由反复思考同类问题所形成的思维习惯,这很容易影响人们对刺激情境以某种习惯的方式进行反应。思维定式对解决问题既有积极作用,也有消极作用。其中,消极作用是主体局限于在头脑中用一种固定的思维模式去思考问题,难以打开思路,缺乏思维的求异性和灵活性。学生的思维定式主要包括书本定式、权威定式、从众定式、经验定式等。克服学生思维定式的消极影响,进行反思维定式教学的方法有很多,较常用的方法有质疑思维、转移思维、发散思维、反向思维和运动思维等。

4. 开放性

开放是为了融合,在融合中求得最佳效果。因此,开放性课堂教学作为一种与封闭性课堂教学相对立的课堂教学模式,是对传统的封闭教学模式的一次挑战,其生命力正随着课堂教学改革的不断深化而发展。

开放性课堂是指在一定的系统理论、信息理论和控制理论的指导下,汲取

已有的各种教学方法的长处,创造性地应用于现代课堂教学过程,以达到向学生传授知识、发展学生智力、启迪学生创造力,促进学生个性全面发展的目的,符合智慧课堂要求的课堂教育方法。

开放性课堂不是指某种具体的课堂教学,也不是传统教学方法的简单综合运用,其实质是把课堂看作生师互动的教学系统,并在时空上做进一步延伸,与新的课堂改革中倡导的重视学生自主、探究、发现以及合作学习的能力的做法是十分和谐的。开放性课堂追求的是课堂教学过程的最优化、课堂教学管理的过程效益化和科学化以及课堂教学辅助系统的合理化,目的是使课堂教学系统结构化,达到外部适应与内部和谐,实现培养具有创造性思维能力的智能型人才的教育目标。

开放性课堂是对传统课堂的内涵进行补充,从时间上说是现在向过去、将来辐射,从空间上说是课内向校外、家庭、社会辐射,从内容上说是从书本向生活辐射。全时间开放、全方位开放、全过程开放,这是开放性课堂与封闭式课堂的显著不同。开放性课堂特别重视挖掘师生的集体智慧和力量。教师应善于利用教学活动中出现的各种突发情况不断提高自己的随机应变能力、排除障碍能力、引导启发学生的能力。教师应通过教学活动激发学生学习的主动性和创造性,在观察者、帮助者、设计者的角色体验中与学生共同发展。

开放的课堂教学会促使课堂中各种信息得到有效交流,使学生的潜能得到充分的发挥,个性得以凸显,使他们大胆地表达自己的感受、意见和推断,而不是去揣度教师期望的标准答案。课堂教学是师生之间、生生之间有效互动、动态生成的过程,自然会产生许多学习信息与教学资源。这就需要教师在课堂中随时捕捉生成的资源,灵活调控课堂教学,及时把它转化为课堂教学可利用的资源,促进课堂的有效生成,使课堂教学更有效、更精彩。

5. 生成性

智慧教学的生成性有两方面含义:一方面是指教师应注重课堂发展过程中的各种动态生成资源,运用教学智慧,不失时机地引导学生生成智慧;另一方面是智慧教学要根据学生思维生成的特征,抓住学生的思维状态来把握教学的方向。

生成性的实质就是通过学生的外部表现,窥视他们参与学习的本质状态。其内容包括三个方面:①学生是积极主动参与,还是消极被动参与,他们是否表现出强烈的兴趣与需要,是否对所学内容充满信心,思维是否活跃,有无独到的见解;②学生能否从接受式的学习模式中解脱出来,进行自主学习,能否主动建构自己的知识框架,能否与老师和同学进行有效的交流,在互动中实现思维的解放,在小组学习中能否学会倾听、协作、反思、分享和理解;③通过学习活动,学生能否找到适合自己的学习方式,能否学会新的学习方法,是否获得了积极的情感体验。

学生探索未知领域(对学生而言是未知的),其路径是多种多样、丰富多彩的,因人因事因时而异。因此,课堂设计不能课前全部预设,需要课上现时生成。建构生成式课堂,应加强课前预测。生成并不意味着放弃预设,相反,课前全面的预测和预设可为课堂的即时生成做好铺垫。学生在课堂中的兴趣、积极性、注意力、学习方法、思维方式、合作能力等都要事先做出相应的教学安排,形成弹性化的方案。建构生成式课堂,教师要包容"节外生枝",主要体现在两方面:一方面教师要重视学生的"越轨"提问,不搪塞、不放弃;另一方面教师要广纳学生的错误资源,不讥讽、不诋毁。学生是发展的人,独特的人,他们有广阔的视野,有独特的心理世界,在课堂上难免要"节外生枝",生发出许多不确定因素,这时教师应采取开放式管理,把这些不确定因素转化形成学生的即时创造。

有人将理想的课堂教学比作水形万千。水是流动的,随物赋形,从某种意义上说,智慧教学的本质特征就在于此。课堂教学是一个动态的过程,相对而言,教师的教学设计是静态的。教师面对学生的反应,要根据学生的学习状况调整自己的教学内容,不拘泥于教学内容,着重思考方法的训练,从而激活学生的思维。

课堂上教师与学生的交往、互动,其最高境界是心心相印,是"心有灵犀一点通"。要达成这种相知相融的完美境界,关键是为师者要有"蹲下来,沉下去,融起来"的基本态度与习惯,真正了解学生的所想、所思、所为,与学生打成一片,心与心相贴,情与情相融,共同感受、共同成长。师生心灵对话的方式多种多样,有时是语言,有的则靠一个眼神、一个动作,或者一个非常不起眼的细节。学生正确的人生观、价值观、世界观可能就在这些细节交流中逐渐形成。

6. 体验性

从课堂教学的过程价值来看,智慧教学重视学生的生命体验。首先,由于教学的对象是人,促进人的生命发展应当是教学的根本价值所在。智慧课堂应是一个以人的生命发展为依归,尊重生命,关怀生命,拓展生命,提升生命的体验过程,其教学活动应蕴含高度的生命价值与意义。智慧课堂教学不只是传递知识的活动,更应是一种生命活动,是生命存在的基本方式。在教学中,师生通过体验不断地领悟世界的意义和人本身存在的意义,不断激活生命,丰富生命,使生命在体验中走向创造、超越与升华。教学中的体验是以生活情境为依托,以生命存在为前提的,学生一旦在丰富的教学情境中体验、感悟到生命的价值和存在的意义并将之内化,就形成了一定的态度、价值和信念,进而将之转化为教养,实现对象世界与生命意识的整合。同时,这种强调体验的教学关注学生对学习活动的体验和反省,突出学生的个体性、独特性、多样性和差异性,把学生看成具体的、历史的个人,他们拥有自己的个性,以自己独特的方式认识世界并感悟对象世界,最终将之内化为个人的智慧与价值。

其次,智慧教学的体验性还表现为课堂教学中对学生"高峰体验"的追求。心理学家马斯洛认为,"高峰体验"是一种来自实实在在的生活,具有相对普遍性的感觉,常常是自然产生,不受意志支配,这样的状态或插曲可以在任何人一生的任何时刻到来。这种体验可能是瞬间产生的,压倒一切的敬畏情绪,也可能是转瞬即逝的极其强烈的幸福感,抑或是欣喜若狂、如痴如醉、欢乐至极的感觉。在这种时刻,人们完全摆脱了怀疑、恐惧、压抑、紧张和怯懦,享受无所羁绊的个体能力释放,从而在即兴中释放自我,产生个体独特的创造力。

智慧教学过程提倡使教学目标超越功利、超越强制、超越限制,倡导发展人性、开发潜能,珍视学生的内在感受,强调学习过程中的情感作用,创造一种良好的学习气氛,引导学生主动学习,使他们在体验中享受课堂生活。

二、智慧体育和高校体育教学模式的融合与构建

(一)智慧体育的优势分析

1. 智慧体育高度融合新一代信息技术

智慧体育突破了传统体育纯物理环境的局限,将体育行为物理空间与数字空间有机衔接起来,通过无处不在的信息网,对现实体育行为进行全面测量、监控与分析。智慧体育可借助各式传感器实现对体育行为的全方位感知,方便学校监督管理体育课程落实情况,为体育管理者制定管理决策提供理论依据,用更精准的数据和更科学的方式指导学生参与各类体育活动。用云计算等智能处理技术对海量感知信息进行处理和分析,提供大量高品质视频学习机会,提高学生的审美能力,避免学生在学习时单纯模仿某一教师的动作,形成相对标

准的技术动作。

2. 智慧体育整合多种资源

智慧体育整合教育、医疗、旅游、文化等"体育＋"资源，卡路里消耗清晰可见，能激起学生主动锻炼的欲望，量化学生锻炼的强度，降低意外风险，使学生进行科学锻炼。构建数字化、网络化、智能化的运动空间、运动模式、运动生态，便于学生之间相互学习，营造良好的体育技能学习氛围，达到良好的学习效果。"互联网＋"时代，网络资源丰富，各种标准化动作均可以通过网络实现，改善体育教学方式，丰富体育教学手段，且摆脱了时间与空间的制约，"线上—线下"双管齐下将多种资源互联与共享，实现体育资源的优化配置和最大化利用，促使教师更好地完成体育教学任务，增加学生锻炼身体的时间和机会，增强其体质。

3. 智慧体育契合大学生多元化的体育需求

当代大学生个性鲜明，其体育锻炼需求多种多样。智慧体育可根据不同需求的人群推送不同的锻炼方案，为大学生追求健康适能及心仪体型提供更科学的训练方式，实现了大学生体育锻炼的自主性、选择性及民主性，激发了学生体育锻炼的兴趣，从而实现终身体育的目标。

(二)智慧体育教学介入高校传统体育教学模式的形势分析

1. 智慧体育教学设备初具规模

智慧体育是云计算、大数据、物联网等技术综合运用于体育的产物，目前体育与先进技术不断融合，不断造就拥有强大生命力的新技术、新理念，彰显了数据的价值，实现了智能创新常态化。高校教学环境中大数据、云计算、物联网、虚拟现实等现代化信息技术建设已初具规模，且高校大学生早已普遍使用智能手机，智能手环也越来越普及。因此，实施智慧体育教学模式的基本设备已有保障。

2. 学生乐于接受

智慧体育拥有广泛覆盖的信息感知网络，方便资源整合，对体育参与者与体育锻炼本身具有积极的作用。智慧体育的资源拓展了参与者的选择空间，帮助他们了解自己的运动现状，选择合适的运动方式、场地、强度，且智慧体育可以管理和及时响应运动参与者的个性化需求。当代大学生个性鲜明、需求多样且追求生活与学习的高效，更乐于接受新事物，智慧体育的介入将是当代大学生喜闻乐见的。

3.教师业务水平提高

高校越来越重视大学体育教育,因而积极举办体育教师技能大赛、智慧教学大赛,让体育教师更新教学理念,学习新的教学模式,改善体育教学的方法与手段,提高业务水平,并借助科学技术来提高教学质量。在教学过程中不断实践、不断进步,从而提高教师的教学智慧,并使其成为智慧体育教学的传播者与推广者。作为高级知识分子,高校体育教师完全具备智慧体育教学的学习与驾驭能力。

4.高校体育教学物理空间不足

高校体育场地紧缺,容易受天气影响,物理空间相对不足,体育教学空间急需扩张。智慧体育摆脱了传统体育纯物理环境的局限,将体育活动物理空间与数字空间有机衔接起来。将智慧体育的线上教学作为补充,可有效解决极端天气或物理空间不足的问题。智慧体育介入高校体育教学可有效保障学生适时参与体育锻炼。

综上,目前高校智慧体育教学设备已初具规模,学生与教师迎接智慧教学的心理与业务水平也准备就绪,高校体育教学空间急需扩张,作为传统体育教学模式一种有益的补充,智慧体育教学的介入已势在必行。

(三)智慧体育与传统体育教学相互融合的模式构建

1.构建智慧体育平台

智慧体育平台是资源整合与信息发布的互动平台,是一个信息化的过程,信息获取者可通过网络平台完成线上线下的连接,平台还可开展商务合作,向社会提供多元化服务。物联网在体育运动中的运用最普及的是智能可穿戴设备,智能可穿戴设备即直接穿在身上,或是整合到用户衣服或配件上的一种便携式设备。一些可穿戴设备应用于体育教学,可促进体育课教学从传统的经验式安排向科学化设计转型,实现对学生运动数据的精细化利用,以及对学生运动过程的个性化指导和过程化评价。高校智慧体育平台构建重点主要有以下几点:

(1)引入智能运动装备,生成学生运动成长档案。运动手环是目前常见又易被大众消费接受的一种智能运动装备。借助运动手环,建立相关微信平台,可监测学生运动密度、心率、卡路里消耗等运动情况,并自动采集学生运动时的各项数据指标,跟踪学生在校期间体育锻炼的频数、时长及健康适能的情况,生成学生运动成长档案,让学生、老师及家长轻松查阅运动档案。

(2)推送重要、受欢迎的信息与知识。学校根据学生学习兴趣、课程内容在平台上实时推送相关赛事信息及理论知识,包括体育新闻、运动训练学、体育康复学、运动营养学、运动解剖学、体育保健学等,让学生阅读打卡,使其知其然并知其所以然,激起学生追求健康体适能及健康的欲望,养成良好的锻炼习惯。

(3)设置教师办公页面引导。教师可以通过智慧体育平台办公,布置和批改相关作业,检查学生线下课出勤率、审批请假条,还可进行师生交流,及时答疑解惑。

(4)设置学生学习页面引导。学生在智慧体育平台上浏览相关赛事、新闻信息,观看高质量学习视频,完成作业打卡,可频繁与教师沟通交流,请假也更为便捷。

(5)对在校生家长开放。家长利用智慧体育平台浏览学校的相关政策,查看学生作业的完成情况,了解教师对作业完成情况的反馈,提出相关意见和建议。

2. 推送运动打卡方案

智慧体育平台正向信息化、功能化、个性化方向发展,通过平台、政策、服务、数据之间的积极互动,推进相关工作、政策的形成与实施,根据学生不同身体状况和追求,提出不同的运动建议,制订不同的运动方案与计划,让学生对照自身身体状况及目标追求选择打卡项目,积极打卡。智慧体育平台推送安全准确的教学视频,包括核心力量训练法、心肺耐力训练法、四肢力量训练法、身体特定部位运动损伤的康复训练法以及相关的放松拉伸方法等,帮助学生科学锻炼、科学打卡。

3. 运用相关设备推送监测信息

将体育课堂教学与课外锻炼以及监测进行有效的融合,对激发学生从事体力活动的积极性,科学评估和指导学生的体育锻炼具有重要的作用。线下课上使用相关检测设备,检测学生心律与耗能状况,运动场地或学生宿舍安装体重秤及相关安全易操作的健康测评器。推送简单、方便的健康评价及健康管理方法,及时反馈运动效果,以动画、字幕等形式提出表扬,提高体育课平时分,满足学生的获得感,激发学生自主打卡的兴趣和欲望。

4. 实施线上线下一体式体育教学

线上线下双管齐下,可最大化地发挥高校体育的教育功能。进行课前(线上)预习(理论与实践),课中(线下)检查预习效果,并根据实验前检测的学生情况,使用智慧监测设备(运动手环)预先设定好个性化目标心率,课中全程监测学生的心率,合理把握运动强度,安全开展面对面教学,全程利用运动手环真实、直观地呈现课堂效果,科学有效地完成线下教学。课后(线上)布置练习作业(复习、预习),学生发送自我与平台推送内容的对比视频,打卡完成作业。视频对比使学生更容易发现自身的不足,有利于提高学生的自信心和自学能力。

5. 教师推送个性化运动处方

教师利用智慧体育平台提供的便利,通过学生的阅读点击量,窥探学生的体育兴趣点,从而制定符合学生兴趣的体育教学内容;通过线上线下全面了解学生的运动情况、运动薄弱点与兴趣点,因人而异,给出易被学生接受的建议,有针对性地布置预习内容、制订运动方案,实现个性化、精准化的体育教学,帮助大学生树立"健康第一"的意识;作业完成情况作为平时成绩的依据,鼓励学生积极打卡,促使大学生加强身体锻炼、全面发展,以便顺利实现个人的理想与抱负。

6. 学校与家长共同监督教学情况

智慧体育平台具有信息更新及时与交互性良好的特点,它不仅会及时更新海量的信息资源,还可以为用户提供线上服务,让用户体验多样化的服务。学校通过智慧体育平台监督全校大学体育教学工作的开展与实施情况,帮助体育工作管理者及时发现问题并优化或制定相应对策。家长也可通过智慧体育平台查看学生的相关运动档案,及时与学生沟通,督促学生积极参与体育锻炼,也可向学校提出意见或建议,确保学校、教师、家长、学生四方共同努力,从而促进大学生体质健康。

三、高校体育智慧课堂教学模式创新实践应用研究

(一)教学目标

教学目标在实践教学中主要发挥引导性职能。唯有明确的目标,才能保证后续教学工作的有序、高效开展。针对高校体育智慧课堂教学模式来讲,其教

学目标要和学生的培养目标相统一,即结合学生的具体需求,充分考虑每个学生的具体情况,开展合理、个性化的教学,将课堂教学实效性更充分地发挥出来。在应用实践的过程中,主要的教学目标为对学生自主学习能力的优化和培养,同时引导学生通过网络资源的有效利用开展相关学习操作,对体育项目、规则、技巧等形成更加全面的认知,促进学生创新、创造能力的提升,为学生提供相应的问题,要求学生根据特定的方向进行资料的搜索和知识学习等操作。基于自身学习和掌握的知识,合理解答问题,对学生创新意识进行有效培养,促使其养成优良的体育与活动习惯,学习一种以上的科学运动方式,有助于更好地锻炼学生的思维能力,推动其智慧成长与发展。

(二)教学过程

在智慧课堂教学模式应用过程中,各种相关教学活动的组织是需要重点关注的内容。具体组织过程中需要对各学习主体间存在的差异进行充分考量,尽可能地增强活动的丰富性,引导学生开展更高质量的学习操作。在组织实践的过程中,基于课前、课上及课后三方面,以智慧学习氛围作为支撑,通过各种智慧学习资源,构建涵盖各项教师及学生活动的教学体系。在充分发挥教师引导性职能的基础上,促进学生自主学习能力的培养,纠正其学习态度,优化其创新意识,推动智慧学习目标的实现。

1. 课前

网络时代已然来临,教师可利用相应平台,如微信、教学类 App 等,直接将视频资料传输给学生。学生借助视频进行预习,了解学习内容,利用提问等形式,将视频观看和自我消化知识时存在的疑问或者难以自行解决的问题及时反馈给教师。平台以学生为对象,开展相应学习数据的整合及处理操作,并利用图表等方式呈现出来,使得教师可以更为直观、系统地了解学生的实际学习情况,从真正意义上实现以人为本,以学生为主。在教学实践中,教师应合理借助课前环节,了解学生所思所想,为其提供感兴趣的视频、资料等,以此激发其学习热情。

2. 课上

以往开展的体育教学通常以教师的讲授为主,学生开展模仿式训练和学习操作,教师作为课堂的主体发挥作用,学生只具有支撑储备、机械化学习的功能,师生间、生生间无法开展有效的沟通和互动操作,难以达到有效培养学生学习兴趣、强化其自主学习能力的目的。对于我国体育教学课堂来讲,实践中应突出学生的主体地位,贯彻新型教学理念,借助丰富、多样的教学手段,保证教学成效。

体育课堂教学主要存在两方面的问题:第一,学生的体育水平存在较大差异。一些学习能力较强的学生,可以快速记忆并有效把握学习内容,而一些学习能力较弱的学生,难以在课堂上实现有效学习,再加上协调性较差等,易导致此类学生丧失学习兴趣,甚至产生厌倦等心理。第二,多数学生和教师的关系较为"生疏",再加上性格等因素,部分学生会在教师提问时,由于不好意思回答或者害怕失误等,选择逃避,这些对教师掌握学生实际学习情况较为不利。为了避免此类问题的产生,在对智慧课堂教学模式开展实践应用的过程中,教师可利用智能终端,直接将问题发送给学生,让学生结合自身思路进行解答。这样,有助于教师更细化地掌握班级中每个学生的知识掌握情况及真实想法等,有利于实现和学生的双向互动。同时,教师需要重视引导学生开展有效的互帮操作,组织学生以小组的方式进行动作训练,也可以利用各移动终端,将标准的动作或者练习动作录制成视频,便于课后训练或者动作优化相关操作的开展,有助于更精准地把握学习内容。教师也可以将日常训练中动作较为标准的学生的动作录制下来,并发布至相应平台,不仅有助于帮助其他学生纠正动作,也有利于调动学生学习和练习的积极性。对于优化教学整体质量,促进师生、生生互动,提高师生沟通效果、学生学习实效性、学校体育教学整体水平均有积极影响。

3. 课后

课上教学开展过程中,教师难以实现和学生开展有效互动的目的,缺少互动机会,此类机会在课后更少。以往高校体育教学结束以后,教师通常会要求学生在其他空余时间自主复习,但一般情况下,复习的质量相对较低,具体原因包括以下几个方面:第一,除课堂以外的时间,没有教师的引导,学生会出现难以有效回忆学习内容的情况。第二,没有能够和教师进行交流的平台和渠道,教师也缺少为学生提供相关资料的条件,学生没有复习依据,很难开展有效的复习。第三,缺少任务驱动措施。受传统应试教育影响,高校学生对于体育课程普遍缺乏积极性,再加上此类课程的作业通常为自主复习,因此相关复习很难达到理想效果。网络时代的来临和发展,缓解了传统教学师生难以有效沟通的问题,促进了师生和生生的交流。在课余时间,学生还可以通过一起训练、一起学习的方式,实现共同进步,可有效提升学生课下复习的质量。教师经由分析学生作业情况,明确学生实际的学习效果和状况,可更为细化地了解各学生间存在的差异,进而开展更具针对性的教学内容改革及优化操作,促使模式的实效性更充分地发挥出来。

第四章　高校体育教学资源库的优化建设

第一节　高校体育教学资源库的构建研究

一、树立科学的发展观念

高校体育教学资源库的有效构建是需要投入大量精力的,它是一门复杂且独立的科学,也需要教师采取坚定不移的教学态度去落实,可以说科学的发展观念是推动资源库构建必不可少的重要前提。而构建的成功与否与教育的发展观念有着直接关系,所以必须树立一个正确且科学的教育指导思想,要时刻秉承"健康为先"的教育指导思想,这是推动资源库顺利、有序构建的重要前提和基础,也是促进学生全面发展和树立正确自我价值观的关键。因此,教师必须树立科学发展观念,为学生营造一个良好的运动环境,促使他们积极地参与到健身活动中,当然还要结合自身教育的实际需要,制订一个科学合理的教育指导方案,从而构建一个高效的体育教学资源库。

二、构建合理的课程结构

在树立科学合理的发展观念之后还应构建合理的课程结构,这也是推动高校体育教育顺利改革和发展的关键。而课程结构所涉及的内容往往比较广泛,主要包含教育内容、教育目的、教学类型以及课程的时间和方式方法等,这些环节都是课程结构的重要组成部分。一个科学合理的课程结构是推动教学活动顺利进行的关键,一个清晰明了的课程结构能够实现教学的目的,所以教师要想顺利构建资源库,必须构建合理的课程结构。要明确课程结构和课程目标二者之间的关系,即课程结构是课程目标的载体,而课程目标则是课程结构的前提和基础。一般情况下,课程目标是需要通过课程结构来体现的,可以说课程结构是课程目标的一种重要方式和途径,为此必须构建科学合理的课程结构。而课程目标的设定可以从以下几方面入手:①第一,注重课程目标的职能倾向维度;第二,注重课程目标的内容维度设定;第三,注重课程目标主体的设计开发维度。这三个方面是构建资源库必不可少的重要环节,个体、社会以及学生的本体为出发点,最重要的就是尊重学生个体之间的差异,注重对学生个性发展的教育指导,从而促进学生全面发展以及推动高校体育教学资源库顺利构建。

三、合理利用课程资源

只要是能够对学生产生促进作用或者是有利于体育教学发展的资源我们都可以称之为课程资源。当然,不管是人力资源还是物力信息资源都可以作为课程资源。而要想更好地促进学生树立体育意识,教师还应重视课程资源的整合,要科学合理地利用这些课程资源来推动资源库的构建。其中,高校体育教学中的课程资源主要是指学校所提供的资源,如教师资源、运动场地资源、运动器材等各运动项目的资源,当然也包括体育课程的类别以及所投入的设备资金等。这些资源都是体育教学中的重要课程资源,也是调动学生运动积极性和主观能动意识的关键,更是帮助学生掌握运动技能和理解运动深层含义的前提和基础,同时是构建体育资源库中的重要一环。作为一名合格的体育教师,应当意识到自身的价值所在,自身不仅是体育教学活动的实施者,也是各项体育项目活动的组织者和执行者,要充分认识到自身的一言一行都会影响学生,工作态度也会影响体育教学活动的顺利开展。所以,要想推动体育教学活动顺利高效进行,教师必须以一个充满激情且积极向上的态度参与到工作中,进一步将自身的热情有效地传递给学生,充分调动他们的运动积极性和主观能动性,从而发挥出体育教学的作用和价值。此外,教师还应引导学生学会正确使用运动器材,要培养他们对运动的兴趣以及运动素养。通过科学合理地安排学生上课的时间和次序,可以大幅度提高运动器材的使用率,当然,要尽量避免盲目跟风的不良现象,如此才能实现完善和推进体育教学资源库构建的目标。

四、加大体育投资力度

近几年来随着教育事业的快速发展,人们对体育教育也越来越重视,人们

---

① 彭晶. 高校体育资源库的构建研究[J]. 当代体育科技,2019(35):159,161.

开始重视自身的身体健康,并纷纷参与到各项竞技运动项目中,这是增强身体各项机能和提高身体素质的有效途径。而体育作为高校教学中的重要组成部分是学生必修的一门重要学科,对提高学生综合素质和增强其运动意识具有促进作用,也是磨炼学生意志力和培养其不屈不挠精神的关键。随着教育事业的飞速发展,教育部门也提出了更高的要求,尤其是对各个高校内部运动场地的人均面积的要求有着明确规定,能够满足学生的运动需要。但是当前部分院校内部的体育场地面积并不理想,无法满足学生的日常运动需要,甚至有些高校很难满足限定的一半要求,这对学生提高综合素质和增强运动意识无疑是十分不利的,更不要讲高效、顺利地构建体育教学资源库了。所以,要想促进学生全面发展,必须加大体育投资力度,确保每一位学生都能够拥有充足的运动空间,为他们的日常运动提供良好的场地。因为只有这样才能不断提高学生身体素质,还可以帮助学生养成一个良好的运动习惯,最重要的是可以促进高校体育教学活动的顺利开展,进一步实现构建体育教学资源库的目的。此外,高校还应当重视体育器材对学生和体育活动的重要性,在扩大运动场地的同时也要加大对体育器材的投资力度,不断丰富运动场地中各项体育器材,让学生通过丰富的体育器材提高身体技能。这样,既能实现培养学生运动意识的目的,又能实现构建体育教学资源库的目的,进而帮助学生树立终身体育意识以及实现自我价值。

综上所述,新时期体育教学事业也要做到与时俱进,尤其是在当前信息化飞速发展的背景下,教师必须重视信息技术对教学的影响。要想构建一个全方位的体育教学资源库,应树立科学发展观念,构建合理课程结构以及合理利用课程资源;不仅要积极引进信息技术来构建资源库,还要加大体育教育的投资力度和不断完善场地基础设施和运动器材。因为只有这样才能推动体育教育事业的快速发展,从而提高学生的运动意识和运动技能。

第二节　基于微课的高校体育教学资源库的建设研究

一、基于微课的高校体育教学资源库建设的紧迫性

微课作为一种现代化的教学形式,自传入我国后便备受关注。微课倡导的

是一种以"微"为核心的教学模式,通过微视频教学资源,打造良好的教育空间和教育环境。从高校体育教学资源的实际情况看,普遍存在内容不足的问题,导致学生在高校的体育学习环境中所能接触到的内容偏少,因此,高校体育教学资源库的建设势在必行。其紧迫性主要表现在以下两方面:第一,高校体育教育改革的不断推进。高校是人才培养基地,其体育教学实效关系到学生的健康成长。在体育教育的发展中,教学资源库的建设显得至关重要。丰富的资源库内容让体育教育的发展、创新有坚实的理论支撑,使体育教育的内容更完整、更充分。第二,学生日益增长的个性需求。对于广大学生而言,通过体育学习能够培养自己的身心健康素质,进而热爱体育,感知体育的魅力与深刻的内涵,从而养成终身体育意识。总之,当前基于微课的高校体育教学资源库的建设有其紧迫性,不单单关系到体育教育改革的不断推进,更关系到学生的综合成长。

二、基于微课的高校体育教学资源库的建设策略

微课作为一种现代化的教学模式,对体育资源的呈现形态以微视频为主。将微视频资源纳入高校体育教学资源库,符合学生的碎片化学习和个性化学习需求。为此,基于微课的高校体育教学资源库的建设策略具体如下。

(一)确定建设原则

在现代教育环境中,高校体育教学资源库的建设要有明确的建设原则的支撑。其一,共享性原则。体育教学资源库的建设,要打造共享模式和共享空间,避免出现"信息孤岛"的情况,从而使得高校的体育教师、学生拥有访问、使用等基础性的操作权限,可以随时随地获取信息。其二,开放性原则。微课资源的产生是教师能动性的呈现。教师积极、主动地开发微视频资源,高校体育教学资源库的内容才能源源不断。开放性的姿态对资源库的完整性有重要意义。其三,教学性原则。高校体育教学资源库建设的最终目的还是学生的成长。教学性原则指的是微视频在制作完成之后,首先是一个教学工具,其次才是一种资源工具,突出教学性会让高校体育教学的改革和创新得到推动。其四,安全性原则。相较于传统的教学资源,数字资源库的打造和形成会受到诸多不可控因素的影响,保证资源库的安全显得至关重要。要确定基本的建设框架,让内容呈现更完整,使教学有效性得到增强。[①]

---

① 唐迅. 基于微课的高校体育教学资源库的建设研究[J]. 当代体育,2020(1):105.

(二)把握建设方向

基于微课的高校体育教学资源库的建设,在确定基础的构建原则之后,还需要进入方向确定阶段。通过方向的明确,让内容呈现更完整,为学生的成长服务。其一,突出网络化。微课本就是基于网络环境而形成的一种新的教学方法,要积极运用数据库技术、流媒体技术、虚拟现实技术等具有强化功能的教育资源库,让微课教学资源得以形成。其二,资源设计的人性化。大学生的个性化学习特征鲜明,微课教学资源的开发要以大学生的个性需求为导向,在选题制作、课例拍摄等方面体现终身教育理念。其三,注重内容的交互性。资源的开发要为教学服务,强大的交互功能是衡量课程资源有效性的根本依据。要把握明确的建设方向,让高校体育教学资源库的建设进入新阶段。

(三)制订建设方案

高校体育教学资源库的建设并非一朝一夕就能达成目标,而是需要制订明确的建设方案,具体策略如下:其一,高校提高重视程度。高校作为人才的培养基地,其良好的制度保障和制度框架的形成为体育教学资源库建设提供明确支撑,让其内容的呈现更加完整。其二,教师做好资源开发。教师作为微课教学资源的开发者,要充分意识到微课教学资源对现代体育教育发展创新的重要价值,通过多元的尝试与探索,让微课教学资源的开发价值得以充分展现。其三,打造一体化的教学模式。微课在高校体育教学中的应用和尝试是一种新的方向的探索。一体化教学模式的打造让内容呈现更完整、更具体,而资源库内容的丰富性为教学创新提供支持,提高了体育教学质量。

总之,基于微课的高校体育教学资源库的建设目前正如火如荼地推进,取得了良好的效果。作为一种现代化的教学模式,微课的价值毋庸置疑。微课教学资源作为现代教学资源库的组成部分,需要予以高度重视。

第三节 高校体育教材数字化资源库建设

一、数字化资源库相较传统教材的优势

体育教材数字化资源库建设,主要是以多媒体为依托,将传统的纸质体育

教材进行数字化处理,使传统的纸质体育教材这一载体转化为以现代化的多媒体教学辅助工具为主要方式的电子终端载体,从形式上促进体育教材的互动式教与学,优化传统教学方式,提高教学效果。使用者既可以通过目录查找需要阅读的章节,也可以通过关键词检索获取相关的信息;对于不理解的问题可以逐级深入,对于复杂的问题可以横向拓展;对于抽象的概念可以通过各种类型的素材加以分析、归纳、界定,对于模糊的表象可以找到准确的实景回放。通过体育教材数字化资源库建设,可以彻底改变以纸质文档为核心的体育教材资源储存与处理的方式。在新的教学模式下,网络或数据库能储存海量的体育教材资源,可以更加方便地供体育教师、学生查阅和使用,在体育教材资源的短缺以及学生对体育教材资源的信息检索方面发挥着重要作用。体育教材数字化,能够有效节省师生在信息检索方面的时间成本,且能够为检索结果的准确性提供保证,有利于提高体育教学效率和效果。以信息技术带动教育现代化是促进我国高等教育体制改革创新和教学质量提升的重要途径之一,是我国迈向教育强国的必由之路。

二、体育教材数字化资源库建设现状

伴随人类社会的进步,教育紧随时代的步伐向前发展,新的环境需要与之相适应的教育方法。基于此,笔者在对体育教材数字化资源库建设的实际情况进行调查后,从教师和学生两个主体方面进行分析,以课程的"理论"和"实践"为主线阐述它的优势和特点。

(一)体育理论课教材建设

如今,我国高校在体育教材数字化资源库建设方面取得了一定的突破和进展,实现了采用数字化方式的教学要求。首先,体育理论课教材呈现多媒体课件形式。多媒体课件是体育理论课教材的重要表现形式,是基于体育教学过程中的不同学习需求打开的海量信息资源通道。它主要采用图像、视频、声音等媒介形式,促使传统、单一的体育理论课教学更加形象生动。其次,体育理论课教材呈现自制软件教学模式。自制软件教学模式主要是教师基于体育技能项目的教学需要,运用多媒体技术通过综合处理体育技能的技术特征、运动轨迹等制作数字化教材软件,为体育教学营造一个逼真生动的教学环境。在体育教学中以视频的形式呈现体育理论课教材的内容,使得体育理论教材的载体内容更加丰富,并充分满足学生个性化地学习体育运动技能的需求。最后,体育理论课教材呈现网络资源形式。在体育理论课的教学中,体育教师发挥着主导作用,他们通过从互联网收集、处理网络中的教材资源,引导学生掌握体育运动领域最新的前沿知识和信息。对解决传统体育教材知识和资源更新缓慢的问题,网络资源起到了积极的作用,极大地拓展了学生的体育知识视野,提高了教师的课堂实践效果。

(二)体育实践课教材建设

一方面,教育管理部门鼓励各学校和体育教师积极开展数字化建设,在体育实践课教材方面,有效地利用视频、短片回溯的形式进行课堂再现。视频回溯主要是依托高速摄像机进行的,用以跟踪记录体育实践训练中学生的训练表现。辅助教学摄像人员在学生的训练过程中对学生进行持续的、高速的视频拍摄,通过视频的方式记录学生实践课中的技术动作,将学生的技术动作直观地展现出来。体育教师、学生通过观看慢镜头的方式发现、分析训练中存在的技术动作问题,从而掌握技术动作要领与规范的技术动作。视频追溯能真实地还原学生的技术动作,有助于教师和学生根据体育教学规范的动作要领进行对比、分析,从而找出差距。从根本上说,通过播放视频有利于直观地纠正学生的技术动作错误,为开展有效的体育实践课教学和提高体育实践课的教学质量创造有利的条件。

另一方面,在开展体育实践课的过程中,可以采用便携设备进行现场演示。在体育实践课的教学内容中,经常存在着一些比较复杂的动作结构,对学生完成技术动作有较高的能力要求。从实际的教学情况来看,部分学生难以领会和掌握这一系列高难度的技术动作,而通过运用便携设备对技术动作的演示则能很好地解决这一难题。学生在学习高难度的技术动作时,通过观看便携设备反复播放技术动作的视频及音频,能够形成清晰的技术动作思路。

三、体育教材数字化资源库建设的路径

(一)数字化资源库本体建设

体育教材出版应坚持以数字化为基础,从体育学科的专业和内容出发,建立不同类别的大型体育教材专业数据库,以满足各类细分读者的需求。体育教

材数字化资源库建设,首先必须确定学生的需求来确立重点项目,如传统的健身、减脂、运动损伤预防,新兴的户外运动、定向越野等学生较为关注的内容。因此,了解学生需求,鼓励其参与互动是体育教材数字化资源库建设的前提。实践性课程(实验、实践、讨论等)在许多课程学时分配上多为课堂讲授课,且在教学过程中广泛运用合作探究式教学法,即从实践中发掘问题,通过小组讨论、团队合作等方式探讨问题,将理论与实践进行完美融合。

1. 以学生需求为导向,及时更新数字化体育教材

体育教材数字化资源库的使用者是学生,所以体育教材数字化资源库的建设必须具备一定的开放性,将学生的需求与体育教材的数字化建设紧密衔接起来,为学生有效地学习和掌握体育教学内容创造条件。因此,以学生的学习需求为依托,及时更新数字化体育教材,具体要做到以下三点:一是加强对学生在体育运动过程中的学习需求的了解及问题的收集,通过互联网等媒介实时跟踪记录学生在体育课堂学习、运动中的动态。体育教材数字化资源库建设者要与学生进行直接沟通,掌握学生对体育教学的意见和建议,总结、归纳学生对体育教学课堂知识的需求,为建设高效、直观的体育教材数字化资源库提供依据。二是依托大数据与互联网,创建丰富的渠道收集数字化体育资源。体育教师在收集、整理体育教学信息时,必须充分掌握学生体育运动的学习需求,并分类整理体育教材的内容,从而为体育教材数字化资源库建设提供直接的体育教学资源。三是全面收集学生对数字化资源库的意见和建议,如学生在查找信息、学习教学内容学习时所遇到的问题和困难,及时更新体育教材数字化资源库的学习内容,实现学生个性化的需求和体育教材数字化资源库建设共同发展的目的。

2. 以学生互动交流为突破,搭建数字化体育教学平台

体育教材数字化资源库建设要注重师生及生生的互动交流。新形势下,体育教材数字化资源库与传统的体育教材存在着巨大的差异。在传统的体育教学课堂中,教师主要采用纸质文档的体育教材进行教学,人手一本教材,学生以自我为中心,严重阻碍了学生之间的交流学习,不利于学生思维的拓展和获得更好的运动启示。体育教材数字化资源库可以有效弥补其中的不足,学生可以利用课余时间,从资源库查找和学习在传统课堂中难以掌握的体育理论知识和技能动作。体育教材数字化资源库有其优势,但也存在一定的局限性,如在技能学习中缺少面对面的交流互动,缺乏科学、合理的学习评价模式。因此,新形势下,应搭建数字化体育教学平台,注重突出学生互动的内容建设,搭建学生沟

通交流的窗口。教师从学生互动的窗口了解和掌握学生的学习心得、看法，并及时对学生在学习中存在的问题及技术动作要领进行精讲，从而有利于对学生做出科学合理的评价，使学生在拥有一个良好的交流互动空间的同时，在平台上学习技术动作的要领。

3. 以资源分享为核心，加强体育数字化资源共享

为保证体育教材数字化资源库能有效地实现资源共享，要以资源分享为核心，加强体育数字化资源共享。首先，建设体育信息资源共享平台。在现有体育信息资源共享平台的基础上，积极构建新的资源分享与交流的窗口。对学生和一线体育教师反馈的问题、意见及经验进行整合，建立面对学生和一线体育教师的数字化共享平台，有效地利用和共享体育数字化资源，形成一站式的服务平台，满足用户对体育教材数字化资源库的全方位需求。其次，积极拓展体育数字化资源库信息采集的途径，以校园图书馆文献信息中心为核心，收集、整理图书馆馆藏的文献信息资源，从而构建科学合理的体育教材数字化资源库。同时，加强图书馆、体育资料室、体育研究所等信息部门的沟通交流，不断优化体育教材数字化资源的内容。再次，收集体育教师的理论教学和实践教学的心得与经验，积极组织体育教师编写课件及编排和下载符合多媒体体育教学要求的视频资源，从而不断丰富和优化体育教材数字化资源共享平台。最后，在体育教材数字化资源共享过程中，将灵活的备课方式、授课方式作为模板，根据体育教师的教学情况、教学内容和教学目标，利用网络多媒体的备课平台制作电子教案，开发丰富的、资源共享的线上多媒体课件。

(二)数字化数据库师生层面建设

体育教材数字化资源库建设的主体和服务对象是教师和学生，教师以此可提高课堂教学的效率，学生可利用它获取丰富的检索资源。所以，在建设过程中，必须充分了解教师和学生的需求并精雕细琢，具体可以从教师和学生两个层面着手。

1. 体育教师层面建设

体育教材数字化资源库的建设，需要体育教师对教材中的教学资源进行合理取舍，这也是体育教材数字化资源库内容建设的重点。体育教师是体育教材数字化资源库的建设者和应用者，体育教师除需具备信息技术的能力外，还需具备具体操作和运用方面的能力。学校应加强对教师的信息技术知识和技能

的培训与指导,培养出一批具有现代化技术思维和技能的体育教师,使其积极参与体育教材数字化资源库的建设,这也是新课程、新标准的内在要求。体育教师在实际的体育教学中,要积极主动地收集、整理体育教学的内容及资源,并不断对其进行筛选、整理,通过运用计算机、信息技术将体育教学内容转化为多媒体课件、课堂教学视频、教育教学讲座视频等内容,组建本校教师体育教材数字化资源库。体育教材数字化资源库建成后,体育教师要对教学情况进行实时跟踪,并实时收集、整理最新体育教学信息和教学理念,结合学校体育教学的实际情况,及时反思体育教材数字化资源库建设的缺陷和不足。以此为基础,不断更新和完善体育教材数字化资源库,为规范多元化体育教学创造有利的条件。体育教材数字化资源库建设的根本落脚点是应用。体育教师要注重提高体育教材数字化资源库的利用率,充分使用数字化资源库的教学资源进行教学,及时反馈使用体育教材数字化资源库资源的意见和建议,为不断完善体育教材数字化资源库提供有效实用的信息,使体育教材数字化资源库与体育教育教学实现协调发展。

2. 学生学习层面建设

学生是体育教材数字化资源库的使用主体,体育教材数字化资源库对学生的体育学习具有重要的作用。在对体育教材数字化资源库建设中,要不断收集学生学习过程中的需求信息。新形势下,数字化课堂是共享的虚拟课堂,学习资源共享是现代远程教育的基本特性。学生通过互联网在体育教材数字化资源库中进行学习,有效地打破了学习空间与时间等因素的限制。体育教材数字化资源库建设要落实到阳光体育、快乐体育的战略中,将学生对体育学习的个性化和终身化进行合理的衔接,培养学生的终身体育意识。体育教材数字化资源库建设必须重视学生自主学习的要求。学生是体育教材数字化资源库的学习主体,数字化资源库为学生的自主学习和交流创建了一个有效的平台。师生之间可以通过网络技术进行远程交流,共同探讨学习中存在的问题;学生也可以利用数字化体育教材的功能进行学习测试,了解学习情况,并在此基础上不断提高自己的学习兴趣,同时改进学习方法。由此促进了师生之间、学生之间的相互交流,促成了宽松、开放、互动和个性化的学习空间。丰富的数字化资源库可以使学生进行自主学习与反馈,使他们厘清自身需要的体育资源,从而更加方便、快捷地找到自己需要的体育资源及信息。同时,通过利用体育教材数字化资源库的交流平台,学生能够积极主动地参与体育教材数字化资源库建设。

　　总之,从宏观来看,体育教材数字化资源库建设,是在体育教育活动中将传统的课本教学方式转换成数字化多媒体模式,是教育方式随着时代进步的一种必然选择;从微观来看,它是将书本上固化的知识进行动态的集结,进而通过视频等方式更加直观地展现出来,是教育发展过程中的重大进步。数字化教材能有效激发学生的学习兴趣,极大地丰富教学内容,同时,还能帮助学生及时了解和掌握前沿科技及行业发展动态,使学生的自主学习能力得到加强。因此,高校要立足当下,以信息化带动教育现代化,加快体育教材数字化建设,为我国的体育事业发展做出更大贡献。

第五章　高校体育教学人力资源的优化与管理

第一节　高校体育教学人力资源的概念与开发

一、高校体育教学人力资源的概念

体育教学人力资源有着广义和狭义之分。广义的体育教学人力资源是指体育教学系统内部和外部所有能够推动体育教学发展的智力劳动者和体力劳动者的劳动力总和。根据该定义可以看出，劳动能力包含着很多内容，如体育知识、体育相关经验、体育技术和战术、体育技能、智慧、体育教学管理思想、体能、体质、认知、意志力等。又由于人的劳动能力与人是一个密不可分、紧密相连的整体所以可以将广义的体育教学人力资源理解为：其是体育教学系统内部和外部所有能够推动体育教学发展的从事智力劳动和体力劳动的人的总称。狭义的体育教学人力资源是指体育教学系统内所有接受过专业的体育教育培养或接受过体育运动训练和培养的能够推动体育教学发展的体育专业人员的劳动能力的总称。也可以将狭义的体育教学人力资源理解为：其是体育教学系统内所有接受过专业的体育教育培养或接受过专门的体育运动训练和培训的能够推动体育教学发展的体育专业人员的总称。

二、高校体育教学人力资源的开发

学校体育教学人力资源主要包括以下三种：第一种是现实学校体育教学人力资源，具体是指正在投入劳动过程中的，并对学校体育教学的发展产生贡献的劳动能力，如在职的学校体育教师、教练员、裁判员、体育科研人员、体育管理人员、社会体育指导员、体育经纪人等；第二种是潜在学校体育教学人力资源，具体是指由于受到某些原因的限制而不能直接地参加特定的劳动,需要经过人力资源的开发等过程才能形成劳动能力,如就读于学校体育专业的学生等;第三种是闲置学校体育教学人力资源,具体是指"求业人口"或"待业人口"的劳动能力,如退役后等待安置的运动员,下岗后等待安置的教练员、裁判员、体育师资等。这里重点对现实学校体育教学人力资源内容进行详细分析,主要包括体育教师、教练员、运动员。

(一)体育教师

1. 教师素质要求

体育教师的素质直接决定着体育教学活动的质量,体育教师素质的高低将直接影响着教学的质量以及学生的发展。因此,体育教师必须具备良好的综合素质,具体包括以下几个方面。

(1)思想政治素质

教师的职业道德是思想素质的重要方面,它要求教师对工作积极负责,并且尊重学生,对学生一视同仁。

(2)知识结构素质

体育教师不仅要掌握基本技能和运动基础知识,还要具有高度的体育专业理论知识,并能够了解体育教学的基本规律和学生身心发展的基本规律。

(3)能力结构素质

体育教师必须具备良好的体育教学能力,能合理进行教学设计,合理安排教学内容和选择教学方法。体育教师必须具备良好的组织教学能力,教师的组织和管理能力较强,则能够协调师生之间的关系,并且能够更好地运用各种体育教学资源,促进体育教学活动更好地开展,还能够激发学生学习的积极性。体育教师应具备良好的表达能力,能有效指导学生进行体育学习。此外,体育教师还应具备良好的身心素质、管理能力和创新能力。

2. 教师的编制与组织管理

体育教师编制的制定是否科学是高校体育教师管理的一项基础性工作。如果编制富余,就会出现机构臃肿、人浮于事,将造成工作量不能满负荷;如果编制紧缺,高校体育工作质量又将难于得到保证。

当前,科学组织校园体育教师队伍建设,必须制定完善的体育教师管理规定,加强和落实各职能部门的职责分工,这是高校体育教师管理工作的重点之一。在高校教师组织管理过程中,学校应结合学校现行的专业技术人员职称评审办法和人事分配制度改革中的"岗位津贴"评审、考核、奖惩等办法,规范体育教师管理。

3.教师的教学评价

体育教师的教学评价涉及体育课堂教学的方方面面,如体育课程教学效果、课堂管理效果、突发事件处理效果等。对体育教师的体育教学评价,既要注重对教学过程的评价,又要注重对其教学活动的有效性进行评价,同时,还要做到评价的公开、公平、公正。

4.教师的培养、培训

(1)体育教师的培养目标

①强化体育教师的职业信念,提高体育教师思想政治素质和师德修养水平。

②使体育教师具有一定的现代教育意识、观念。

③使体育教师掌握本学科专业理论和教育理论,熟知体育教学规律和学生学习规律。

④使体育教师掌握基本教学技能和现代教育技术,并能灵活运用。

⑤使体育教师掌握教育科研方法,能开展教改实验和理论研究。

(2)体育教师的培训形式

体育教师的培训形式主要有培训班、研修班、个别指导、教研活动、课题研究等。

(二)教练员

1.教练员的角色分析

(1)教练员是训练过程的主要设计者和组织者,同样也是训练管理工作的重要决策者,还要与队伍中其他人员密切配合。

(2)教练员是运动队伍的信息沟通者,必须时刻掌握本项目运动训练发展的最新动态和与本运动队有关的其他运动队的信息并及时向领队和其他人员通报信息。

(3)教练员是运动队伍的人际关系协调者。运动员之间难免会产生矛盾,教练员应该协助领队做好运动员的工作,化解矛盾,协调关系,以维护训练工作的顺利开展。

2. 教练员的素质要求

(1)事业心和责任感

教练员的事业心和责任心能在潜移默化中影响运动员,使运动员树立自信,愿意为训练不断付出。

(2)专业知识

教练员对于体育学科以及相关学科的知识掌握得越广泛、越深刻、越熟练,越有助于提高训练效果和质量。

(3)影响力与沟通能力

运动训练具有长期性、艰巨性、反复性的特点。教练员应在各方面都成为运动员的表率,关心和爱护运动员,指导运动员始终保持敏锐冷静的头脑,带领他们攀登竞技运动高峰。

(4)学习和创新能力

创新能力是一个高级人才不可或缺的素养,也是一个运动项目保持优势的灵魂。为保证训练的科学性与先进性,教练员应不断进行钻研和学习,并敢于和善于创新。

3. 教练员招聘与选拔

学校体育教学组织人员的招聘与选拔,要以学校体育教学人力资源规划为具体依据,并为选拔出的人员安排合适的岗位。

4. 教练员运动项目配置

在对教练员进行运动项目合理配置时,要注意和重视梯队的合理性,如职称结构、年龄结构、人员结构等;要对运动项目可能出现的人才过分集中或严重匮乏现象进行有效避免。

(三)运动员

1. 运动员的角色分析

(1)运动员是运动队的主要对象

运动员是运动训练的主体,应该模范地遵守各项管理规章制度,接受教练员的训练指导和管理安排,以保证顺利完成训练任务。

(2)运动员是运动队管理工作的积极参与者

运动员应该积极参与运动队的管理工作,与领队、教练员协同配合完成各项工作。

2. 运动员的素质要求

(1)事业心和强烈的进取精神

要想成为优秀的竞技选手,运动员必须付出艰辛的劳动,做出巨大的牺牲。因此,运动员必须具有高度负责的事业心和强烈的进取精神。

(2)坚韧不拔的意志品质

优异的运动成绩的获得需要运动员承受很大的训练负荷,这就要求运动员不畏艰辛、克服各种困难。

(3)较强的自控能力

一般来说,运动员自控能力越强,越有利于保持稳定的心理状态,创造优异的运动成绩。

(4)良好的学习和理解能力

运动员必须具有独立的准确的思维能力,学会分析、判断各种训练问题,对教练员训练指导能准确理解并自觉完成教练员布置的各种训练任务。

3. 训练计划制订

训练计划是运动训练顺利进行和训练效果得到提高的重要保证,因而在课余体育训练的管理中,制订训练计划非常重要。训练计划主要有年度训练计划、阶段训练计划、周训练计划和课时训练计划,具体应结合运动员的实际情况和参赛情况进行合理制订。

三、体育教学人力资源开发的原则

(一)目标原则

任何开发都必须有明确的目标,这是实现有效开发的重要基础。在体育教学人力资源开发中,在重视实现组织目标的同时,也要对员工个人的发展给予高度重视。既要注重组织目标的实现,也要关注个人的发展。

(二)能级原则

"能"是指人的能力大小,"级"是指开发体系和开发结构的设置要体现不同的层次和工作内容。能级原则要求在体育教学人力资源开发中,应明确人员职责、用人得当、人尽其才,以人的职称、学位等为主要依据将其安排到合适的岗位上,能够使各个岗位人员的能级水平尽可能规范化和标准化,使人的才能适应其所从事的工作岗位的要求。

(三)系统原则

体育教学人力资源的开发应从整个学校的开发系统出发,统揽全局,对人力资源系统结构进行把握。深入分析其能级,并且对其变化进行跟踪,与此同时,还要不断地对其进行调节、反馈,控制好方向,从而保证学校总的开发目标的顺利实现。

(四)互补原则

互补原则是学校体育教学人力资源开发的重要原则之一。具体来说,通过体育教学人力资源开发上的互补,能够充分发挥出体育教学人力资源的整体效益。人员互补包括很多方面,如能力互补、知识互补,气质互补、年龄互补等。

(五)激励原则

激励手段的有效运用,不仅可以调动组织中每一个成员的积极性,而且也能提高开发的效能。激励原则要求运用相应的政策手段,对体育人才做出的成绩与贡献给予适当的奖励(如奖励激励、榜样激励、情感激励、领导行为激励等),使其始终保持工作的积极性和主动性。

四、体育教学人力资源开发的要求

(一)为职择人

为职择人要求在体育教学人力资源开发中,要以体育事业的需要为主要依据来设置相应的体育机构,并且以此为依据将各岗位职责规范制定出来,然后按岗位选配合适的人才。避免因人设岗、按人设事、为人择职而导致机构臃肿、人浮于事、效率低下等问题。

(二)用当其人

用当其人要求在学校体育教学人力资源开发中,使用各种人时,必须做到用人之长,避人之短。同时,要考虑人才的使用周期,尽量在人才素质最佳的阶段最大限度地发挥其潜力。

(三)任人唯贤

任人唯贤要求对体育人才选择和使用时,要根据人的技能水平、能力等择优选拔和使用,严禁任人唯亲。

(四)用人不疑

"疑人不用,用人不疑"是重要的开发哲学,要求开发者对所选择和使用的人才给予充分的信任,积极听取其意见,尊重其行动,尊重其成果,创造出良好的人才使用环境和建立良好的工作氛围,以最大限度地激发人才的工作热情。

第二节 高校体育教学人力资源的优化策略

一、制定合理的选聘管理体系

人力资源是所有人力资本中最重要的资源,在招聘过程中,高校不仅要制订科学的招聘评价考核方案,用来全面地掌握应聘者的潜力,还应在招聘过程中把自己学校的教学理念和学校文化传播出去,与应聘者达成共鸣。表面上看,有些普通高等院校招聘方面存在的问题是人情干预、招聘制度不民主、重学历轻技术专业等,导致在招聘人员方面存在合理性较差的问题,深入剖析不难发现,是对于招聘不够重视加之缺乏专业人力资源管理人才导致的。

(一)优化招聘原则,坚持公平公正的招聘宗旨

我国高校招聘教师本着公平公正、坚持唯才是用的宗旨,然而目前高校招聘教师中依然存在着众多的问题。招聘过程中人事部门参与占很大比例,人事部门在招聘过程中的权力也很大,导致招聘权力过于集中且由于沟通或人员的限制,使得招聘过来的教师学历与岗位的需要还存在一定的差距,招聘缺少针对性。为了杜绝这种现象,应考虑让高校教师一起参与招聘过程,分散人力资源部门招聘权力,利于相互监督,实行公平公正的原则,规范招聘人员的权力。

为了扩大招聘范围,避免任人唯亲,应面向社会进行广泛的招聘,采用多种

手段宣传招聘信息,如通过网络、报纸等媒介广泛公布招聘信息,增强招聘的公平与公正性,从源头上降低内部消化。

(二)建立岗位选聘制度,竞争上岗

为了规范招聘制度,对招聘人员采取评定分级政策,"胜任留,不足走",对于应聘上的教师在规定的时间内没有完成学校教育目标的,采取解聘政策,这种办法的采用不但优化了高校人员队伍结构,还能够激励并提高体育教育人员的业务能力,对于学校的发展起到推动作用。

加大外源留任,减少本校留任。为了防止"近亲繁殖"与"四世同堂"现象的发生,对于本校毕业生应采用本校毕业不留校的政策,对于真正想留校的本校学生,应做出规定,如先到其他学校任职,工作几年后取得一定职称,再参与本校的招聘,与其他应试者一起进行应聘。这样不但增长了工作经验,也可以降低"四世同堂"情况的发生。

二、建立人力资源管理体系

(一)岗位升降制度与校内合理流动并行

高校在用人方面应做到:首先,要围绕学校的办学宗旨制定长远的目标。"以岗选人",深入了解每一位教职工的教学特点、科研能力与水平,量身制订工作计划。以人为本,重视每一位教师个性的发展,这样才能知人善任,注意发展教职工的潜力,给予宽松的教学环境,改变高校传统的任教观念。其次,要规范岗位制度,根据岗位、工作要求与特点的不同,结合现有教职工的情况,合理科学安排岗位,细化岗位管理。对教职人员采取季度或者年度考核,能够胜任目前工作的给予支持或者提升,对于当前"拿不下来"或业务能力差的进行调整,坚持按需调岗、择优聘用的原则。

(二)完善资格聘任制并加强薪酬合理分配

完善资格聘任制度应做到:首先,需要加强领导对人力资源管理的培养以及教职工人力资源意识的确立,只有形成好的意识,对于聘任制度的完善才更有利。其次,科学设置学校工作岗位,落实中央职称改革工作领导小组出台的《高等学校教师职务试行条例》,按照学校需求建立岗位,采取公平竞争的原则,

择优聘用。人事岗位的调动引入公平竞争,在一定程度上有利于优秀人才脱颖而出,也可以激发教师工作的热情与进取心,对于学校的教育发展有着很好的促进作用。随着我国教育制度的改革,我国教育聘任已由原来的终身制转为合同制,这一信号的发出已经证明,国家开始重视教育岗位的分配制度,对于不能完成岗位工作、不思进取的教师采取淘汰机制,不再享受"铁饭碗待遇"。

奖励制度是对潜力发展的最好激励制度。高校人力资源开发管理也一样,加强薪资合理分配,多劳多得,打破高校薪资的平均主义,提高体育教育人员的工作积极性与进取心十分重要。

按劳分配制度需要对体育教育人员进行评价,学校通过建立考核体系,将其个人业绩、考核通过率、学生评价等,对体育教育人员进行年度或者季度打分评价,按照评分标准规划薪资分配,将评价结果与教师的职位晋升、绩效、津贴、奖罚相结合,实行规范化管理。建立考核体系,需要有专门的监督部门,使考核制度规范进行,减少人为干预,只有考核制度透明,才能保证考核制度客观公正。另外,要合理分配薪资,加强激励制度,促进体育教育人员的工作积极性。考核制度遵守以人为本的理念,多方面满足人的需求,实现物质需求与精神需求的双重需要。充分开发体育教职工的潜能、调动工作积极性,从而使体育教育人员更好地完成本职工作,提高教育质量。对于考核评价排名靠后的体育教师扣除绩效奖励,对工作进步大、效率高、评分高的体育教师给予精神和物质奖励。

(三)优化岗位,评定分级合理分配

根据学校发展需要和办学规模以及各学科的教学任务、体育科研项目和学科建设方案等科学设置岗位,岗位设置符合学校长期发展规划且与阶段性的任务相符合,要具有前瞻性,避免重复设岗造成不必要的浪费。根据工作的难易程度和资质要求等划分岗位等级。建立与人才岗位相匹配的管理机制,对人员的工作能力进行评定分级,做到优者上、平庸让,建立岗位柔性流动机制,改变以往只升不降的职称传统。

采取评定分级,相应调整福利待遇,也是对体育教育人员的一种激励,双管齐下,既有了精神奖励又有了物质奖励。

三、完善体育人力资源培训模式

当今社会处于信息时代,各学科间的相互交叉内容变多,学科教师除了要

做好本职工作外,还需要丰富学科间的知识。体育教育人员要掌握越来越多新鲜的词汇、专业知识,只有这样才能跟上时代的脚步。普通高校对于学校职后教育培训的重要性持高度一致的态度,认为职后的教育培训十分重要,同时也反映出存在的一些问题,如培训内容针对性不强、形式化严重、入职后教育培训较少等,究其根本原因是学校对职后培训不够重视和在教育培训方面资金投入不足。

(一)完善职后教育培训条件

职后教育培训是快速提高学校师资力量建设的良好手段,特别是高校扩招的今天,需要更多的素质高、专业好的体育教师。从学校毕业时,我们掌握的知识是学校教师传授的,工作后,我们获取知识的方式一方面是学校教育培训增长的,另一方面是自己潜心学习的。完善职后培训需要满足体育学科教师的培训需求。目前,普通高校在体育教师职后培训方面的问题表现为职后培训质量不高且培训针对性不强。要解决这个问题,首先,要提高学校领导的思想觉悟,从宏观方面分析利弊,正视职后教育培训的重要性。其次,加大对教育培训的投资力度,改善职后教育培训的现状。我国针对教师职后教育培训颁布了《高等学校教师培训工作规程》,不能仅仅将之作为一个空头文件,要对工作规程进行落实、执行。第一,丰富培训种类,开展培训内容要具有针对性。职后培训内容多元化,为了提高体育教师的专业能力与职业素质,改变以往在人们眼中"头脑简单"的形象,加强各方面的培训力度。第二,学校应多与外界联系,加强学校间的、学校与学术机构间的交流,引进先进的教育思想与教育理念,组织专业课培训,在各个方面提高体育教师的业务与素质。第三,学校在自身重视职后培训加大资金投入的同时,应积极争取国家在职后培训方面的拨款,共同努力,积极创造培训机会,保证职后培训能够有序顺利地进行。建立监督部门,保证学校培训的资金不会被挪用,保证资金及时到位。

(二)加强职后培训,规范职后教育机制

加强培训,一方面可以满足教师自我成长和自我实现,使体育教师掌握新的知识和技能,促进体育教师在专业方面的发展,通过经常性的职后培训,使高校教师树立终身教育理念,使之能够接受具有挑战性的工作和任务,终身教育理念的形成为职后教育培训奠定了基础;另一方面可以使教师改善教学方法、

教学方式,促进教学质量的提高。

根据体育人力资源的工作特点开发各种培训,提高人力资源的整体能力和水平。高校人力资源开发过程不是一蹴而就的,而是一个漫长且需要坚持的过程。制定职后培训要结合高校体育教育人员的实际情况,制订短、中、长期培训计划,培训要有针对性,根据不同学科、不同年龄制订详细的培训计划。

分析高校内教师的年龄结构发现,青壮年占很大一部分比例,是学校教学的中坚力量,抓住这一部分体育教师的培训,对于学校教学质量的进步非常有利。虽然现在职后教育培训每个学校都有组织,但是真正形成一定规模制定成职后教育制度的寥寥无几。因此,学校要着力构建"体育教育文化"的学术气氛,加强体育教师间的交流互动,提高文化素质。学校应制定一定的职后培训制度,有重点地对体育教师进行培养。以学校中青年体育教师的职后培养为主要培训项目,以高层的体育教师为重点,分层地进行培训。例如对于初入职场的新人,培训工作更要做好且延长培训时间,使刚进入的新体育教师有更长时间学习专业技能,随着入职时间的增加适当减少关于专项技能的培训,以知识技能的更新为主;规范培训流程,组织培训、公布培训时间、参与培训人选、考核评估。规范职后培训流程有利于体育教师有选择地参与培训,既节约了时间又加强了体育教师在弱项方面的培训。政府部门要加强对学校职后培训的检查力度,确保学校职后教育的有效实施。

四、加强留人制度的完善

如何使学校培育的高等人才不流失,甚至能够吸引更多的优秀人才,是每一个高校所期望的。大部分普通高校留人制度的有效性一般,对于挽留人才吸引力不大,重点在福利待遇和政策方面不够优惠。

(一)多元化留人制度

以人为本的中心思想是马克思主义理论的主要观点。我国在高校人事制度的制定方面更要遵守这一理论基础。以人为本是我国执行可持续发展的重要理论依据。在优惠制度方面,我们要建立多元化留人制度,不仅从提高体育教职工的工作环境方面,从事业方面、环境方面都要给予优惠,满足人们的生理和心理需求。事业方面,为避免"英雄无用武之地",学校要为优秀人才提供宽松的学术环境,以期为学术上的深入研究提供帮助,如引进先进设备、创造良好的学术气氛、提供丰富的物质资源。高校在自我实现上满足优秀人才的需求，给予其事业方面的帮助，在一定程度上会留住许多人才的心，满足其自我的需要。环境方面，除了完善的教学环境、配套的基础设施，学校还要营造良好的学术气氛，创建学术上的舒适环境，尊重知识，尊重人才。

（二）优惠政策导引

优秀人才是推动学校教学质量，教师水平快速发展的原动力，而优秀人才更是学校间竞争的核心。如何留住优秀人才，除了规范留人制度，创造良好的工作环境与条件之外，更要满足优秀人才的各种需求，留住人才更是一种态度、一种艺术。

根据人力资源开发管理理论得出：培养一个顶尖人才，所花的成本最高；引进人才成本居中；而留住一个人才成本最低。学校要制定留住优秀人才的优惠政策，根据特殊人群，特殊对待。为了留住人才，学校要开出优厚的政策条件，如帮助解决优秀人才的后顾之忧，为其提供住房上的优惠政策，子女上学的优惠政策，提高优秀人才的福利待遇。对于其遇到的问题，要多方面地给予帮助，从情感上给予关心，并为其创造一个宽松的发展空间和充足的上升平台，营造良好的工作氛围，使其感受到学校对人才资源的重视，建立公平的人才竞争环境，增加岗位竞争的透明性，创建具有本校特色的学术文化，将个人发展与学校发展融为一体。

第三节　高校体育教学的师资队伍建设与管理创新

一、高校体育教学师资队伍建设研究

教师是立教之本、兴教之源，是实现我国高等教育内涵式发展的第一资源和依靠力量。教师队伍的质量直接决定了大学建设的水平和发展高度。2021年1月，教育部等六部门发布了《关于加强新时代高校教师队伍建设改革的指导意见》（下文简称《指导意见》），对新时代高校教师队伍建设改革进行了系统部署，为努力打造一支党和人民满意的高素质专业化创新型教师队伍提供了重要政策遵循和制度保障。①

(一)高校体育教师队伍建设的必要性

教育大计、教师为本。教师队伍素质的高低直接决定了大学办学质量和办学水平的高低,有高质量的教师队伍,才会有高质量的教育。发展社会主义高等教育事业,建设具有中国特色、中国气派、中国风格的世界一流大学,必须牢牢扭住高校教师队伍建设这个根本。党的十八大以来,党和国家将高校教师队伍建设摆在重要位置,稳步推进高校教师队伍建设。高校体育教师作为高校教师队伍的重要分支,是"五育并举"育人体系中体育育人的组织者和实施者,在高校事业中扮演独特的角色。当前,我国正迈入社会主义现代化建设的新发展阶段,对建设高质量教育体系、培养高素质人才的渴望比以往任何时候都更加迫切。因此,纵深推进高校体育教师建设意义重大、十分必要。

1. 党和国家将教师队伍建设摆在突出位置

教育是实现中华民族伟大复兴战略全局的基础性、战略性工程。面对世界百年未有之大变局和国内改革发展纷繁复杂的局面,我国教育事业发展面临一系列新形势、新问题,教师队伍建设不能完全适应我国教育事业发展新目标和新环境是其中问题之一。②

近年来,有关部门先后出台《关于全面深化新时代教师队伍建设改革的意见》《关于加强和改进新时代师德师风建设的意见》《关于深化高等学校教师职称制度改革的指导意见》《关于加强新时代高校教师队伍建设改革的指导意见》(以下简称《指导意见》)《深化新时代教育评价改革总体方案》等一系列文件,对新时代我国教师队伍建设改革进行了全面部署、提出了具体要求,明确了新时代我国教师队伍建设改革的任务书、时间表、路线图,是高校体育教师队伍建设改革的重要政策依据。

2. 高校体育工作是社会主义现代化建设的重要组成部分

我国"十四五"规划和2035远景目标纲要中提出要继续坚持教育优先发展

---

① 教育部等六部门《关于加强新时代高校教师队伍建设改革的指导意见》[EB/OL]. 中华人民共和国教育部政府门户网站,http://www.moe.gov.cn/srcsite/A10/s7151/202101/t20210108_509152.html.2021-01-27.

② 中共中央国务院关于全面深化新时代教师队伍建设改革的意见[EB/OL]. 中华人民共和国教育部政府门户网站,http://www.moe.gov.cn/jyb_xwfb/moe_1946/fj_2018/201801/t20180131_326148.html.2018-01-31.

方针,建设高质量教育体系,要深化体教融合、体医融合、体卫融合,全力推进健康中国建设,到 2035 年基本建成教育强国、体育强国和健康中国。这三大目标在建设社会主义现代化国家,实现人的全面发展、全体人民共同富裕目标中居于基础性地位,且相互关联、相互促进,必须统筹推进、一体建设。学校体育尤其是高校体育工作,一头连着教育,作为高等教育事业的重要组成部分,是落实"立德树人"根本任务,全面提升学生综合素质的基础性工程;另一头连接着体育与医疗卫生,是增强全民体质、推进全民健康的重要途径。换言之,高校体育工作已经成为社会主义现代化建设的重要组成部分之一,未来必须也只能加强、不能削弱。近年来,在全面加强高校体育工作上国家做了一些部署。

2020 年 8 月,体育总局、教育部印发《深化体教融合促进青少年健康发展意见》(以下简称《意见》)中明确指出:"要大力培养体育教师和教练员队伍。"①同年 10 月,中共中央、国务院印发的《深化新时代教育评价改革总体方案》中将学生体育评价作为改进教育评价的一个重要方面,明确提出:"要加强大学生体育评价,探索在高等教育所有阶段开设体育课程"②。另外,《意见》提出要将学校体育工作摆在更加突出的位置,要求高校要将体育纳入人才培养方案,还要积极完善学校体育工作评价制度;2021 年 2 月,教育部印发的《普通高等学校本科教育教学审核评估实施方案(2021—2025 年)》也对学校体育教学工作提出了新要求。③ 这一系列文件的出台在一定程度上促进了高校体育工作的健康发展。同时,也要清醒地认识到,当下高校体育工作还面临一些突出问题亟待解决,比如,我国很多学校仍存在重科研轻教学、重智育轻德育等问题。高校体育教师在高校体育工作中承担着组织者和引领者的角色,只有一流的师资力量才能有一流的高校体育工作,只有一流的高校体育工作也才可能会有一流的教育、一流的体育。加强高校体育工作必须要把推进高校体育教师队伍改革作为重要切入点和支撑点,着力锻造一支高素质专业化的体育教师队伍,引导广大体育教师以德立身、以德立学、以德施教,不断提升高校体育工作水平。

---

① 体育总局教育部. 关于印发深化体教融合促进青少年健康发展意见的通知[EB/OL]. 中国政府网,http://www.gov.cn/zhengce/zhengceku/2020-09/21/content_5545112.htm.2021-09-21.

② 中共中央国务院印发《深化新时代教育评价改革总体方案》[EB/OL]. 中国政府网,http://www.gov.cn/zhengce/2020-10/13/content_5551032.htm.2020-10-13.

③ 教育部. 关于印发《普通高等学校本科教育教学审核评估实施方案(2021—2025 年)》的通知[N]. 人民日报,2021-2-3.

3. 高校体育教师肩负培养全面发展的社会主义建设者和接班人的使命

培养什么人、怎样培养人、为谁培养人是新时代办好中国特色社会主义大学必须破解的首要问题、根本问题。新时代需要培养出又红又专、德才兼备、堪当大任的时代新人，需要培养出德智体美劳全面发展的社会主义建设者和接班人。人才的培养、时代新人的孕育关键在高校，关键在高校教师。体育教师是"五育并举"育人目标体系中体育育人的主力军和排头兵，承担着教育学生喜欢体育、热爱体育、享受体育的重要职责，肩负着引导学生在体育锻炼中享受乐趣、增强体质、健全人格、锤炼意志的重要使命。进入新发展阶段，体育在实现人的自由而全面的发展目标中承担着更加重要的角色，只有建成一支师德高尚、师风纯正、业务精湛、富有朝气的高校体育教师队伍，才能更加完整、准确、系统地贯彻党的教育方针，才能更加深入落实、深刻践行教育为人民服务、为中国共产党治国理政服务、为巩固和发展中国特色社会主义制度服务、为改革开放和推进社会主义现代化建设服务的理念，才能更好地落实"立德树人"根本任务，更多地培养出勘当民族复兴重任的时代新人。

（二）高校体育教师队伍建设的关键任务

经过多年努力，尤其是党的十八大以来的一系列政策措施，我国高校体育教师队伍基础地位更加坚实、职责使命更加彰显、制度举措更加完善，但同时也要清醒地看到我国高校体育教师队伍在育人信念、育人本领、育人成效等方面还存在不同程度的问题。只有主动推行改革、自觉推进改革，才能破解顽疾、扫清障碍，为建成一支政治素质过硬、业务能力精湛、育人水平高超的高校体育教师队伍提供坚强保证，为实现高等教育内涵式发展、加快建设教育强国奠定坚实基础。根据《指导意见》以及相关专家学者对《指导意见》的解读，梳理出新时代我国高校体育教师队伍建设改革的关键任务主要有三个方面：（1）坚持以育人宗旨为根本方向，着力强化师德师风建设；（2）坚持以育人能力为根本动力，着力强化能力素养建设；（3）坚持以育人机制为根本保障，着力强化治理体系建设。①

1. 师德师风为根本点：加强高校体育教师育人宗旨培养

师德师风建设是新时代高等学校加强教师队伍建设、提高教育教学质量的

---

① 解读《关于加强新时代高校教师队伍建设改革的指导意见》[EB/OL]. 中华人民共和国教育部政府门户网站，http://www.moe.gov.cn/jyb_xwfb/moe_2082/2021/2021_zl05/.2021-01-29.

基础工程,是全面贯彻党的教育方针、培养合格人才的根本举措,是推进高等教育事业高质量发展,办好中国特色、世界一流大学的根本保证。党的十八大以来,高度重视师德师风建设,2018年颁布的《全面深化新时代教师队伍建设改革的意见》指出:"要健全师德建设长效机制,推动师德建设常态化长效化,创新师德教育,完善师德规范"①;2019年教育部等七部门印发的《关于加强和改进新时代师德师风建设的意见》把师德师风作为评价教师队伍素质的第一标准②;2020年中共中央办公厅、国务院办公厅印发的《关于全面加强和改进新时代学校体育工作的意见》更是直接提出把师德师风作为评价体育教师素质的第一标准。③

从党和政府陆续出台的相关政策、文件都可以看出师德师风建设问题是当前教师队伍建设的根本点,是高校教师队伍改革的首要任务,也必定是高校体育教师队伍建设改革的首要任务。"体育载知识之车而寓道德之舍""无体则是无德智也",体育教师肩负着"五育并举"中"体育"的重要责任④。近年来,高校体育教师队伍以"塑造师德风范,涵养敬业精神,提高育人水平"为宗旨,多措并举加强师德师风建设,取得了积极成效,但依然存在强化师德教育不够,建立师风师德管理机制不健全,深化师德实践不够,营造尊师重教氛围不够等问题。师德师风建设任重而道远,高校教师为人之要、从教之基在于立德。高校体育教师要自觉砥砺品德修为,学高为师、身正为范,执着于教书育人,有热爱教育的定力、淡泊名利的坚守,在教育培养学生成长成才的过程中砥砺为党育人、为国育才的初心使命,用人格魅力感染学生、用扎实学识感召学生。

2. 能力素养为关键点:加强高校体育教师育人能力培养

实现高等教育内涵式发展,需要高素质专业化创新型高校教师队伍予以保障。高校体育教师同其他学科教师一样,承担着人才培养、科学研究、社会服务和文化传承的专门性工作。《指导意见》指出要以提高教师专业素质能力为关

---

① 中共中央、国务院发布《关于全面深化新时代教师队伍建设改革的意见》[N]. 人民日报,2018-1-20.

② 教育部等七部门印发《关于加强和改进新时代师德师风建设的意见》[EB/OL]. 人民网,2019-12-16.

③ 中共中央办公厅 国务院办公厅印发《关于全面加强和改进新时代学校体育工作的意见》[N]. 人民日报,2020-10-15.

④ 毛振明,李海燕,邱丽玲,等. 体育教师地位之殇与解决之策:对全面深化新时代体育教师队伍建设改革的建言(之一)[J]. 首都体育学院学报,2018(4):327-330.

键,提升高校教师运用信息技术改进教学的能力,打造一支党和人民满意的高素质专业化创新型教师队伍,助推"立德树人"根本任务的落实。充分发挥以体育智、以体育心的独特功能,是每一位高校体育教师的神圣使命与职责担当,体育教师只有具有扎实的专业素养、雄厚的学术底蕴才能吸引学生、熏陶学生,才能更好地帮助学生在体育锻炼中享受乐趣、增强体质、健全人格、锤炼意志,培养出德智体美劳全面发展的社会主义建设者和接班人。当前,我国高校体育教师能力素养水平良莠不齐,推进高校体育教师改革的关键任务在于提升其专业素质能力。所谓专业素质能力是指所有素质能力中最基础、最重要,且能产生强烈影响和作用于其他专业素质能力、最有别于其他学科的专业素质能力的能力①。

目前,有关高校体育教师专业素养能力概念尚未形成统一观点。依据我国教育政策和国家学科标准为蓝本,高校体育教师除了需要掌握体育学的基本理论、基本技能和基本方法外,还需要具备较强的专业技能,掌握体育学研究的基本手段和方法,能够运用体育学的基本理论、技术分析和解决体育专业的各种实际问题。因此,高校体育教师不仅需要掌握扎实的理论知识,还需具备过硬的实践能力。换言之,体育教师需要具备以体育人、以体育心的教学能力。具体而言,高校体育教师专业素养能力包括政治素养、获取与应用知识的能力、创新能力、创业能力和社会服务能力,同时需要具备传授学生运动技术和体育相关的基本理论的能力,能够通过体育来增强学生体质、健全学生人格、锤炼学生意志的能力。

3. 制度改革为发力点:加强高校体育教师育人机制建设

制度是人为设定的用以塑造人类互动的约束,改革是我国教育发展的根本动力,制度改革是新时代我国高校体育教师队伍建设的发力点。我国高校教师人事管理制度改革事关高校整体办学水平、办学效果以及办学目标达成情况,是优化人才培养质量和促进科研创新的重要举措,也是促进高校管理体制系统性变革的支点。深化高校体育教师队伍改革,促进高校内涵式发展,必须以推进人事管理制度的完善与创新为突破口,既要发挥考核的"指挥棒"作用,让高校体育教师干事有激情、成才有平台,也要发挥政策的兜底性作用,让广大体育教师工作有条件、待遇有保障。高校体育教师相比于其他学科教师存在很大差

① 朱斌,毛振明. 我国中小学体育教师专业素质能力之惑与解决之策:对全面深化新时代教师队伍建设改革的建言(3)[J]. 首都体育学院学报,2019,31(1):12-16.

异,在学校处于相对弱势的地位,但在高校教育中扮演着不可替代且同等重要的角色。体育教师队伍是一个人员来源多样、非常庞大的群体,担负着"一育一课"的重要教育责任,且有大量的课内外工作,同时也需要面临体育课安全问题等。体育教师队伍在人事管理机制上由于专业特征也存在其特殊性。比如,高校体育教师可分为公共体育课教师和专业体育课教师;有以运动技能专项教学为主的专项教师,也有以理论知识教学为主的理论教师,还有以科学研究为主的科研型体育教师。可见,我国高校体育教师构成比较多元,其职能、工作任务和性质也存在不同。因此,推进高校体育教师队伍建设改革要充分考虑高校体育教师实际情况,按照遵循规律、尊重差异的原则,以求同存异、最优发展为目标,理顺关系、健全机制,为高校体育教师发展提供保障。

(三)高校体育教师队伍建设的实施路径

高校体育教师队伍建设非一日之功、朝夕之事,教师队伍建设要想取得实效,必须准确把握建设方向、找准实施路径,循序渐进、一体推进。只有方向准、步子对才能保证改革不偏向、不走样。具体实施路径如下。

1. 强化师德师风建设,健全考核评价体系

强化师德师风建设是打造高素质专业化教师队伍的内在要求和根本保证,是高校教师队伍建设的第一要求和灵魂。当前我国高校体育教师的师德在师业、师爱、师能和师风 4 个方面整体是好的,但也存在一些问题,这一定程度上是由学校片面的发展导向、科研导向、行政导向以及思想价值观导向所致。强化高校体育教师师德师风建设,要建设国家师德师风专责部门、高校、院系三级联动机制,使高校体育教师队伍建设全员、全方位、全过程强化,构建师德师风考核评价,推动师德师风建设长效化、制度化。

(1)建立统一考核机制

建立全国高校体育教师师德师风联合考核机构,对全国体育教师师德师风进行统一强化,定期开展师德师风培训和考核。将教师思想政治素质、师德师风情况作为职称评聘、推先推优、各类人才项目评审的首要条件,贯穿高校体育教师管理始终。

(2)健全评价机制

各高校体育院系/部门要以学校师德师风建设实施意见为准则,建立健全师德师风建设评价机制,优化评价指标、标准和考核奖惩机制,形成能者上、庸者下、劣者汰的导向。学校专门成立师德师风工作领导小组,负责全校的师德师风建设工作,体育学院/系/部是体育教师师德师风考评体系建设的责任主体,负责对教师的师德师风进行评议,严格考评确认后,由基层党组织负责人录入师德师风考评系统,对教师的师德师风进行纪实记录。

(3)发挥示范作用

以学院/系/部为单位,以教师个人为核心,构建"学校党委、院系分党委和基层党支部"三级工作责任体系。加强高校体育教师党支部建设,利用好党支部就是发挥党团结和联系广大教师的桥梁纽带的作用,将师德师风建设贯穿高校体育教师管理全过程,实施好党支部书记"双带头人"培育工程。

(4)营造良好尊师重教氛围

完善荣誉体系,定期评选表彰优秀教师、教学名师等先进教师,加大对体育教师评选表彰的倾斜比例,加强优秀典型教师先进事迹宣传学习,开展师德师风主题教育,积极挖掘师德师风典型事例,积极引导教师以优秀典型事迹教师为榜样,营造尊师重教的良好氛围。如北京体育大学、上海体育学院、武汉体育学院、成都体育学院等开展师德师风专题网络培训班、征文比赛、演讲比赛和专题讨论沙龙,邀请全国教书育人代表做专题报告等。

(5)强化自我修养

师德是教师专业化的一部分,将师德师风建设融入高校体育教师个人成长机制,作为教师个人要主动强化自身对师德师风的认识,唤起内心对师德师风的自觉自省,做到以德立学、以德立身、以德育德、以德施教,建立教师自评、互评机制,进一步强化师德师风建设。

2.强化专业素养能力,搭建教师发展平台

中共中央、国务院印发《中国教育现代化2035》明确指出:"要建设高素质专业化创新型教师队伍,夯实教师专业发展体系,推动教师终身学习和专业自主发展。"[1]体育教师专业素养能力的高低直接影响体育教学质量,提升专业素质能力是高校教师的安身立命之本。高校教师主要承担教书育人、科学研究、社会服务、咨政建言等重要职责,为提升高校体育教师专业素养能力、提高育人本领和育人实效,要进行全区域、全员、全过程培养。

---

① 中共中央、国务院印发《中国教育现代化2035》[EB/OL].新华网,2019-2-23.

（1）提升高校体育教师的专业能力

高校体育教师的专业能力要与学校人才培养、学科特色以及体育课程培养目标相契合，分类别、有针对性地提升专业能力。高校体育教师应具备能够培养学生拥有一定的运动技能和积极发挥体育教育对学生价值塑造的能力，引导学生热爱体育、享受体育，在体育锻炼中强健体魄、健全人格。这也是综合类大学的体育教师应该侧重的能力；师范类院校体育教师应当重点强化体育教学能力，要有更全面、更综合的素质，具备培养一流中小学体育教师的能力；体育专业院校的体育教师要重点强化体育本身的专业性能力，尤其是要提升竞技训练和科学研究能力，能够为国家输送高素质竞技体育人才与应用研究型体育人才。

（2）提高教师培训实效性

将高校体育教师分为教学型、科研型、教学科研型、竞赛型四类进行培训，打通培养渠道，促进"双师型"体育教师队伍建设。同时，结合学校特点和办学类型，搭建不同类型和不同层次的高校体育教师发展平台，促进学校、院系、个人三方责任的有效落实，提高培训实效。

（3）加强教师实践能力

搭建高校、企业事业单位、中小学、社会交流学习平台，为高校体育教师专业能力素质提升开创更多渠道。加强教师的实践运用能力，如选派优秀高校体育专业教师到企事业单位、中小学实践锻炼，提升教学实践能力，承接企事业单位的相关专业课题，提高其管理能力，把先进的管理理念带进教学课堂。

（4）加强国内外交流，建立长期友好合作关系

鼓励支持高校体育教师进行国内外访学研修，参与国际交流合作。我国目前多个体育类高校均与境内外高校有合作交流关系。如北京体育大学、上海体育学院等体育类高校均设有合作交流项目，为境内外师生提供交流平台。

（5）坚持以教师业务能力为主，以教师为本，夯实教师发展的职业基础

学校、院系开展提升教师业务能力培训，促进教师积极掌握先进的教学技术，发挥好信息技术的辅助作用，提升教师用信息技术改进教学的能力，利用现代科技手段，如可穿戴设备、大数据、人工智能等推进体育课程和训练，创新教学理念与教学方法，以教育教学高质量的提升带动育人能力的提升。

3. 强化保障机制建设，优化教师队伍治理体系

体制机制问题是根本性、全局性的问题，对教师队伍建设影响深远。推进高校体育教师队伍改革要以体制机制建设为根本保障，着力完善选拔聘用、考

核管理、保障机制,提升治理效能,优化治理体系。

（1）完善选拔聘用机制

严把高校体育教师准入关,将政治素养和师德师风作为第一考察内容并落到实处,并认真考核其教学能力、科研能力和运动专项能力,拓宽用人渠道,多渠道招聘教师,制定分类聘用标准,可畅通优秀退役运动员、教练员进入高校兼任、担任体育教师的渠道。

（2）改革高校教师编制岗位,采用多元化聘人用人方式,合理设置全职和兼职教师岗位

学校体育"师生比"严重失衡是我国学校体育发展的短板和阻碍之一,可以通过外聘兼职体育教师的办法缓解体育教师紧缺问题。另外,高校可与地方教育部门沟通,制定优秀退役运动员进校园担任体育教师或教练员的制度,对不同来源的体育教师进行专业化、系统化培养,使其具备高校教学能力。

（3）完善管理考核机制

体育教师培养模式正逐渐呈现出职前培养、入职教育、在职培训三阶段整合式发展样态。然而,当前体育教师培养的"规模、结构"与"质量、效益"还未实现有机统一。因此,做好岗前培训和入职衔接,可以根据高校的自身情况与发展需要,探索实行分类管理制度,分类设置考核标准,多维度考核,建立"评、聘、考"全周期质量监控,推动高校体育教师任课进行动态调整。

（4）完善保障机制建设

进一步完善职称和考核评价制度,在学校统一职称评定标准的基础上,根据高校体育教师岗位特点,分别设置教学型、科研型、教学科研型和竞赛型的职称评价指标和标准,分类确定评价办法,给予高校体育教师在专业发展、职称晋升和岗位聘用等方面予以倾斜支持,并加强职称评定事中事后监管。

（5）完善高校体育教师薪酬制度

逐步建立起以水平和实际贡献为标准的动态平衡薪酬体系,充分考量体育教师政治素养和师德师风、教学能力、科研能力、竞赛能力等。

二、高校体育教师团队管理创新研究

（一）高校体育教师聘任管理制度改革变迁

在经济全球一体化激烈变革的时代,创建现代化大学需要以促进高校师资

力量相互竞争为手段,以高校教师聘任制度为保障。1986 年中共中央、国务院转发了《关于改革职称评定、实行专业技术职务聘任制度的报告》,1999 年教育部印发《关于当前深化高等学校人事分配制度改革的若干意见》标志着高校聘任工作进入了新的阶段,同时,各高校积极引入竞争机制,推行人事编制管理、岗位管理、人事聘用。2000 年中组部、人事部、教育部联合下发《关于深化高等学校人事制度改革的实施意见》,强化岗位聘任、人事制度改革。2006 年国家人事部提出,要建立健全包括高校在内的事业单位岗位设置管理制度,实现高校人事管理由身份管理向岗位管理的转变。发展至今,各个高校实行岗位分类管理,逐渐推行公开招聘和聘用制,加强合同管理,设置各种形式的鼓励机制,更好地调动教职工的积极性。随着全民体育的发展,对高校体育教师的重视程度比以前有所提高,但是部分高校体育教师对自己所从事的职业产生了倦怠感,工作积极性不高,对自己的前途失去了信心,甚至有些教师转岗从事行政工作或者离开教师岗位从事其他职业,主要是因为部分体育教师自我定位不明确,对工作没有热情和进取心,物质、精神需求没有得到满足等。高校对体育公共课教师的年度聘任考核存在不符合实际的情况,使教师失去工作的积极性,这些问题在一定程度上阻碍了高校体育师资建设与发展,同时也影响了高校体育教学质量的提高和体育教师团队的积极性。基于高校教师团队管理视角,积极探索如何提高和改进高校体育教师的待遇与聘任政策,同时理性思考高校体育教师聘任制政策改革可能出现的问题。

(二)高校体育教师聘任制的重要性

推行高校教师聘任制是高校人事制度改革的重要举措,符合中国高校人事聘任的实际情况,同时促进了体育教师聘任制度政策改革的进程,为高校体育教师聘任制政策的完善、发展提供了科学保障。

高校教师管理制度要用科学发展观看待问题,在实施"人性化"管理的同时,用"个性化"学术研究理念指导整个教师管理制度改革的全过程。因此,高校体育教师团队管理制度的制定与实施,不仅要立足于我国国情,而且要立足于本校的实际情况,借鉴国内外先进的教师管理经验,努力避免高校教师管理在改革过程中出现"强势群体利益进一步得到强化,弱势群体利益进一步被盘剥和削弱"等不公平现象。

(三)高校体育教师管理过程中创新的理性思考

教育部印发的《高等学校体育工作基本标准》明确规定:本科生将开设不少于 144 学时,专科生不少于 108 学时的体育必修课,每周安排不少于 2 学时的体育课程,每学时不少于 45 分钟,每节体育课原则上学生人数不得超过 30 人,高校要开设不少于 15 门不同种类项目的体育课程,根据学生的体育测试成绩给予实际分数评为优、良、中、差等。其间提出:体育强国不仅仅体现在金牌数量而更多地体现在全民素质、大众体育、全民健身以及相关的体育配套设施的健全方面。人们对体育教育的认知存在偏差,没有给予体育教育工作者应有的重视和支持,严重地忽视了体育教育的重要性。高校体育师资团队的管理要突出学科特色,提高教师对高校教师管理的满意度,从心里让体育教师拥有真正的归属感、责任感、使命感。下面从 4 个方面对高校体育教师管理创新进行思考。

1. 高校体育教师心理适应

美国著名管理心理学家施恩提出的理论认为:"个人将有所奉献与组织欲望有所获取之间,以及组织将针对个人期望收获而有所提供的一种配合"[①],强调责任是双方相互的,达到双方的心理平衡,对双方心理责任负责。根据这种理论,我们将心理适应分成 3 个阶段:新管理政策出台最初建立阶段、试行调整阶段、完善修订实施阶段,这 3 个阶段在高校体育教师管理过程中体现得非常明显。在最初阶段,高校在鼓励体育教师工作积极性的同时,提出更加科学合理的管理机制和政策,有助于教师明确高校的实际情况建立最初的心理适应感受。试行调整阶段是建立在教师最初的心理适应感受的基础之上的,高校的不断发展需要科学合理的管理机制去保障。事实证明,理想与现实对于个人利益来说存在一定程度的偏差,需要高校实施宏观调控。作为高校的高层管理者需要及时与教师交流沟通,从群众中来到群众中去,了解和掌握关于他们的实际状况,想教师所想,全心全意为教师服务,为高校实施体育教师管理提出有效的调控建议和管理政策,完善实施阶段反复、及时、准确地进行调研,针对教师的实际情况和需求完善对聘任制度的修改和制定,因地制宜、循序渐进地不断修正。

---

① E. H. 施恩. 职业的有效管理[M]. 仇海清,译. 北京:生活·读书·新知三联书店,1992.

2.高校体育教师实现岗位管理的真正意义

传统高校人事管理制度是一种典型的身份管理模式,形成了"注重管理、轻视科研开发;重视稳定发展、忽略人才流动;重视公平、轻视竞争;重视身份管理、忽视岗位管理"的局面。这种模式不利于体育人才的发展,阻碍了体育人才的合理流动性,在一定程度上造成了体育人才的无形消耗。体育教师的岗位聘任制管理应遵循择优原则,按照国家、地域规定的教师职务合理调整结构比例,通过体育项目人才需要设定按需设岗、定期评聘、竞争上岗、年度考核等程序,建立优胜劣汰机制,打破了实际工作职称的终身制,强化了岗位聘任,促进向岗位管理的转变,为体育教师创造一个相对宽松、公平竞争的工作环境。岗位管理旨在优化高校教师团队结构,根据体育教师岗位科学、统一地进行整体规划,实施按运动项目种类设岗,使体育教师职责明确,最大限度地发挥作用,提高体育教师学术水平,保持高校体育教师团队管理的活力。

3.创新高校体育教师激励机制

构建适合高校体育教师的激励机制是刺激高校体育教师工作积极性的重要手段。高校体育教师管理需要立足于高校教师管理,突出体育运动专项特色,鼓励高校体育教师发展专项团队建设,创设科研型、体育运动专项型团队激励机制,最大程度地发挥体育教师的工作积极性和创造能力,促进学术科研的创新发展及体育团队合作的创新能力。

体育教师团队激励机制能有效地促进体育学科科研的健康发展,促进体育教师科研能力的共同提高,最大限度地发挥团队的激励作用,有效地避免资源浪费;加强不同体育专项的联系和学术交流,扩大科研领域,丰富学科与学科之间的交叉,打破个人创新与创造能力不足的局限性,增强高校体育教师的凝聚力。通过激励机制的完善,采用教师个人奖励与教师团队奖励相结合的激励形式,鼓励高校教师跨领域、跨学科交流合作,发扬体育运动团队精神,以老带新,培养中青年骨干教师,使青年教师快速成长,逐渐成为团队的骨干力量,更好地适应未来的体育科研特点和发展趋势。

4.创新优化体育教师考核评价

高校体育教师考核评价体系是体育教师实现自身价值、科研能力、教学质量情况的综合考核评价,因此,优化创新高校体育教师考核评价体系与高校体育教师的实际利益息息相关。在高校体育教学运行过程中,工作效率和效果的好坏直接影响体育教学质量、学生运动能力的整体提高及同行评议、领导评议的认可度。高校体育教师考核评价要符合与职称对应评聘的基本条件,完成学期、年度考核在内的所有工作量。对于体育公共课的教师来说,既没有自己的学生,又没有自己的独立院系,也不像理工院校学院可以申请科研项目支持,科研项目较少,科研能力薄弱,只能以发表论文多少、级别(国家级、省级等)来评价,同时体育教师评职晋级存在一定难度,体育部门的教师年龄分布极不均匀,即使达到晋级要求和条件也没有晋级的名额和指标。现如今,公务员、教师等职业人员退休年龄延后,直接影响了中青年体育教师的工作积极性,考核评价标准的科学性、合理性、特殊性(特殊部门、学科)存在非议较多。因此,需要管理层最大限度地细化对不同部门、不同学科的评价标准,重点突出教学质量、能力、科研成果。特别是体育学科,针对学生体育运动的各种俱乐部的指导、各种项目运动队的日常训练、比赛工作及参加国内外体育运动项目的裁判工作等,都是学校管理领导要平衡和考虑的问题,需要具体合理的绩效指标和评价标准。

第六章　高校体育场馆资源的优化与管理

第一节　高校体育场馆资源优化的原则与方法

一、高校体育场馆资源优化的原则

(一)政府主导原则

高校体育场馆资源优化与利用过程中,必然离不开政府的大力支持,这包含政策倾向、财力等各个方面,很多事情只有在政府主管部门牵头下才能实现,这是毋庸置疑的。因此,充分发挥和利用教育主管部门的行政引领、政策主导,根据当地体育场馆资源的现实状况,结合教师与学生身心特点、学校地域特色等,优化与利用现存或潜在的体育场馆资源。首先,通过市教育局或上级教育主管部门以政府主导的形式,如制定相关政策、法规或制度等,以规定性文件、倡导性文件等形式主导市内各高校利用体育场馆资源现状,通过科学规划布局,资源共享,实现体育场馆资源由潜在或隐藏状态向充分利用转化;其次,场馆资源的开发离不开强大的财力支持,尤其是高校财力支持方面显得更加重要,各高校要抓住国家新一轮课程改革的契机,大力争取体育场馆资源建设和投入经费。政府主导原则是体育场馆资源开发的基础原则。

(二)科学规划原则

科学规划原则强调,一切事物都要坚持唯物主义基本原理,以科学实践及客观规律为基础。学校应当引起重视,体育场地和器材资源的开发是一项不容有失的项目建设。在具体实施过程中,应当科学规划、合理布局,有效利用学校的空地。对于学校体育场馆的优化应在可持续发展的基础上进行,任何不合理的、不科学的做法都会对高校体育场馆资源的可持续发展造成负面效果。因此,对高校体育场馆资源的优化利用一定要慎之又慎,将科学规划、合理布局作为其基本原则贯彻始终。

(三)健康第一原则

为了适应新时代的发展,为了实现青少年"健康第一"的指导思想,对于学校体育场馆开发应当讲究安全、合理等原则,只有保证场馆的安全,合理地利用场馆,才能很好地开展高校体育教学工作,从而提高学生身体、心理、社会适应等方面的协调发展,满足高校学生的运动兴趣和需求。

(四)以人为本原则

"以人为本"是科学发展观的核心,是当前教育的新理念,其实质是"以学生为本"。坚持"以人为本"原则,就是以实现学生的德、智、体、美、劳全面协调发展为基本目标,以培养学生积极参与体育运动的兴趣为出发点,切实保障学生的体育活动需要,为学生服务。在高校体育场馆资源的开发与利用中,应以学生的运动需要、兴趣爱好等为出发点,制定出适合学生身心特点的体育场馆标准。

(五)目标导向原则

体育课程的主要内容是依据体育教学目标而定的,体育教学场馆资源是保证学生课内外体育活动顺利开展的物质基础,是满足体育课堂教学需要的、不可缺少的教学基础条件。高校教学体育场馆资源优化与利用过程中,要以满足课堂教学、课外体育活动、运动竞赛为目标。任何课程都必须以坚持课程目标作为改革发展的导向,任何资源都应以满足课程目标的需要为准则。

(六)因地制宜原则

地理环境不同,各地的地理环境资源存在着较大差异,加之经济的、民族的差异,导致体育场馆资源存在较大差别。因此,对高校体育场馆资源现状的优化与利用,要了解当地地理环境特点,结合学校实际与地方民族特色不拘一格地灵活运用,不能单纯强调统一,要运用因地制宜原则,如自制坚固实用、成本较低的体育器材设施,开发好、利用好体育教学场馆资源。

(七)资源共享原则

对有限的体育教学场馆资源来说,实现资源共享是降低场馆资源开发成本、提高资源利用效益和效率的有效措施。体育教学场馆资源只有共享,其现有使用价值才能更加充分地得以发挥,一定程度缓解资源匮乏的压力。

二、高校体育场馆资源优化方法

加强学生的素质教育、提高学生的身心健康、增强学生的健康体质和实现"健康第一"的指导思想离不开学校的体育教育。然而体育场馆设施是体育教育必不可缺的物质保证。体育场馆的不足严重影响到学校体育活动的开展,在经济条件有限及场馆不足的情况下,唯有对现有的体育场馆进行优化与利用。我国很多不发达地区的经济条件有限,学校的体育场馆资源严重不足,为了满足学生日常的体育教学活动,在资源不足的情况下更要发挥本身已有场馆的作用并开发其潜在的功能,这是非常有必要的,根据高校体育器材管理条例,笔者尝试从以下几个方面进行探讨研究。

(一)发挥体育器材的多种功能

依据学校现有的体育器材,对体育器材进行多功能的开发是改善学校体育场馆严重不足的一条比较便捷且易于实行的有效途径。一般的体育器材都具有多方面的功能,只需要我们以不同的角度看待体育器材并开发常用体育器材的多种新功能。根据器材特点确定其自身的新用途。例如,标枪不仅用于投掷,也可作为标志物和足球绕杆的杆;跨栏架通常运用于跨栏,我们也可以将其作为投射门或者跨越障碍等;铅球属于投掷项目的器材,但可利用为负重物、标志物、障碍物等,还可以作为一种新兴项目的引进——保龄球;跳绳不仅可以用来作跳绳,还可以用作斗智拉绳、三人角力、夹抛绳、跳移动绳、绳球、绳投掷、跑蛇绳、二人三足跑、踩龙尾等;橡皮筋也可作为跳高时用的横竿等。

(二)制作简易器材

通过废物利用或者简单的生活物品,充分发挥学生的想象力和创造力,制作出适合体育教学活动的较为简易的体育器材。制作简易的器材不仅能缓解因器材的缺失造成的体育教学活动的压力,还能节约经费。例如,教师发动学生自己动手利用废旧的饮料瓶子,制作简单的投掷物、标志物、障碍物和小哑铃等;用废弃的旧布和沙子或豆子制作简易的沙包;用藤条制作跳绳;利用废弃的门板作为活动的乒乓球台;用秸秆制作障碍物或标志物;利用校园里的小台阶练习平衡木;利用废旧的轮胎作为举重物;还可以利用校园内的树桩作为跳箱供学生使用。同时,体育教师组织学生结合当地的情况,充分发挥创造力及想象力,利用有限的设施资源,为学校创造更多的体育器材用于教学活动或者课外体育活动。体育教师可以利用木棍制作接力棒,也可以使接力棒一物多用,接力棒既可以用于体育游戏中,也作为标志物摆出"跑道"让学生进行奔跑及跳跃练习。只要我们善于动脑并转换思维方式,利用废旧的物品制作简易器材,并发挥器材一物多用的功能。通过自制简易的体育器材,不仅能培养学生的动脑动手能力,而且能使学生了解体育运动项目的特点和教材内容,易于学生对教学内容的掌握并达到体育教学目标。在自制简易器材的过程中,学生的好胜心较强,为了得到教师和其他同学的认可,充分发挥其自身的主体作用和创造力,不仅发散了学生思维,同时也加强了学生实践动手能力。在体育课堂上,不仅提高了学生对体育器材的保护意识,也提高了学生练习的积极性。通过自制体育器材,一方面能适当缓解因体育器材的缺乏给体育教学活动带来的压力,另一方面能做到节约经费,能为场馆的更新提供良好的物质基础。

(三)改造场馆,提高场地利用价值

对体育场馆的建设大多是以竞技体育场地为标准制定的,限制了学生的体育运动,学校应以学生为主体,在学校体育场馆的建设上要以学生的实际情况和运动兴趣为依据,提高学生参与活动的积极性。学校在改造场馆的过程中,要依据学生的兴趣爱好,适当地对场馆进行合理的改造,在满足体育教学需要的同时提高学生对体育活动的兴趣。例如,对现有的篮球场地可以适当降低篮球架的高度、缩小篮球场地,建立可进行拔河比赛、玩游戏、自由活动等的活动区域。

(四)合理布局学校场地和器材

在有限的校园环境里,合理布局学校的体育场地及合理安排体育器材位置的摆放,是解决体育场馆短缺影响学校体育活动的简洁而有效的途径。对体育

场地的布局要因地制宜,量体裁衣,设置适宜的场地和器材。对校内外环境进行合理的改造,使学校有足够多的场地满足学生体育活动,以确保师生的安全。通过对学校场地的合理布局及器材的合理摆放,同时有效利用学校闲置的空地,不仅能满足体育教学基本活动的需要,也可以引进符合本校实际情况及学生身心发展的体育运动项目。对于学校周边的地理环境,学校应当适当地进行利用,将校内体育场地与校内有利的自然地理环境充分结合起来,在财力物力有限的情况下使学校体育器材的功能发挥得淋漓尽致。

(五)合理使用场地和器材

体育场馆的使用,首先就是要合理地对待,并强调场馆使用是否得当、是否最大限度地发挥其自身的价值、是否使用过后考虑到其管理及保养等问题;其次要最大限度地充分安排利用体育场地和器材的服务时间,可通过教务秘书的合理统筹安排课表予以体现,如果教学条件有限、无法保证,则可根据各学校周边环境、当地人文风俗习惯,充分挖掘利用周边山地组织学生爬山、越野跑等方式进行教学;最后还要注意落实学校体育场馆的保养和维护工作,保证有限的体育场馆资源得到无限的循环使用,杜绝浪费。

第二节　高校体育场馆资源的市场化运作

一、高校体育场馆资源市场化运作的必然趋势分析

(一)国家政策支持

2009年8月,国务院颁布的《全民健身条例》中规定"学校在课余和节假日期间学校应将体育设施向学生开放。鼓励民办学校将体育设施向公众开放。为了维持体育设施正常运营,学校可以向使用体育设施的公众收取合理的费用"。

2010年6月19日,国务院办公厅发布的《关于加快发展体育产业的指导意见》中指出,公共体育设施应当根据其功能、特点向公众开放,并在一定时间和范围内,对学生、老年人和残疾人优惠或者免费开放。对露天体育场,要创造条件免费开放;已经免费开放的,不得再改为收费经营。有条件的学校,体育场馆

应当向社会免费开放,鼓励机关、企事业单位的体育设施创造条件向社会开放,实现体育资源社会共享。

2012 年 7 月,国家发展和改革委员会、国家体育总局发布的《关于印发"十二五"公共体育设施建设规划的通知》中,指出公共体育设施应保持公益性质,向公众开放。学校内的体育设施应利用课余和节假日,在保证正常教学秩序的前提下,创造条件向广大学生和社区居民开放。原则上,室外体育设施要创造条件免费开放。室内体育设施可依据《公共文化体育设施条例》等相关规定,适当收取服务费用,收费项目和标准应经县级以上人民政府有关部门批准,并对外公布。对将校园内体育设施向社会开放的学校,有关部门应对其维护费用给予适当补助。

由此可见,国家对体育场馆对外开放的重视。这不但督促了高校体育场馆开放工作的开展,更为高校体育场馆向社会有偿开放提供了政策支持。这些政策法规能够在很大程度上促进体育设施市场化进程的发展,但也需要高校体育场馆资源的市场化取得一定的成果,并探索出相对成熟的发展道路。

(二)高校体育场馆市场化运作的特有优势

1. 人才优势

为了满足高校体育教学、训练和群体竞赛活动的需要,高校均按国家有关规定的师生比配备体育师资,使之有一个合理的编制。高校体育教师是我国体育界学历高、职称高的专业群体,无论在教学、训练、科研等方面都聚集了该专业一流人才,且都具备专业知识、技术与技能,能娴熟地运用科学锻炼方法来指导人们的体育锻炼实践。2004 年,我国普通高校具有高级专业技术职务体育教师的比例分别是 38.8%,具有硕士研究生及以上学历的占 11.76%。比较而言,社区体育人才参差不齐。从编制角度讲,社区体育辅导员仅有 1~2 人是受过体育专业教育的,大部分人员未经过系统学习和训练,甚至有的社区本就没有体育辅导员,就更谈不上科学体育的知识和正确的锻炼方法了。尽管有一个好的组织者,但很难保证他们的社会体育观念、知识和方法能够适应社会的发展需求。社区大部分成员缺乏最基本的体育锻炼知识,不懂得科学健身方法,很难达到锻炼的效果,可能会带来负面的影响。因此,高校的体育人才显得尤为重要。

2. 信息优势

高校拥有较为完备的图书资料和档案资料,是国内外体育信息最新获取、综合利用和传播的重要场所。

3. 安全优势

从总体来看,高校管理比较严格,治安状况良好,教职员工素质高,学生自律能力强,给社区健身者很好的心理安全感。

4. 物质优势

从全国来看,各地高校都拥有比较完备的体育设施,而社区的体育设施虽然近些年来得到了不同程度的改善,但与高校相比,差距还很大。

5. 主体优势

高校体育消费群体比较稳定,主要以教师和学生为主体。高校办学规模促使高校具有一个庞大、潜在、相对稳定的体育消费群体。随着国民经济水平的提高和广大群众健身需求增强,人们在体育消费上的投入逐渐增多。校园因其环境优越、健身设施完善也成了城市居民进行运动的最佳场所,将学校的体育场馆向社会开放,高校体育资源变为全社会公共资源,对广大市民来说,无疑是一件好事。这些也为高校体育场馆资源社会化服务的开发与发展创造了条件。

(三)高校体育场馆市场化运作的机会

我国现已具备了初步的市场经济框架,法律体系日益完善,市场经济成为我国经济的主导力量,这为我国高校体育场馆资源社会化服务的发展创造了良好的条件。在当今经济全球化的趋势下,实现资源优势互补,为我国高校体育场馆资源社会化服务进入新的快速发展期提供难得的机会。

经济的发展,竞争的加剧,增加了人们在事业、生活、学习方面的压力,人们压抑的情绪得不到释放,使得各种暴力犯罪、疾病的发生率居高不下。事实证明,体育锻炼是减轻压力、释放情绪的有效、健康的方法之一。然而,社会体育场馆资源的缺失和健身活动的组织者、指导者、管理者的匮乏,严重影响了群众体育健身的需求,阻碍了群众身心健康的发展,影响了全民健身运动的广泛开展。

1. 高校体育场馆市场化服务趋向多元化

在过去对国际体育产业市场相对封闭的条件下,我国高校体育场馆市场化服务的主体是政府和社会力量区分的二元结构,我国高校体育场馆市场化服务的体制、管理、经营与国际先进水平相比尚有差距。随着体育产业市场的开放,我国高校体育场馆市场化服务的主体将向多元化的方向发展。由于国际体育产业进入我国市场,我国高校体育场馆市场化服务的主体也将发生变化,演变为政府、社会力量和国际力量共存的三足鼎立,这是我国高校体育场馆市场化服务市场调整和完善的机遇,我国高校体育场馆市场化服务在新的格局中得到进一步的深化和发展。

2. 民众支付体育消费水平将持续增长

随着我国城镇化速度发展,城市人口不断增加,人们休闲时间和老龄化人口增加,体育消费人群也会随之增长。我国体育人口上升空间很大,体育人口的增长促进了体育产品需求的增长。21世纪的人均GDP和居民收入水平是与人口同步增长的,这意味着体育消费水平将持续增长,将会带来体育社会化服务的持续繁荣。

体育休闲市场的发展水平及市场结构与人均可支配收入的增长基本成正比。近几年,随着人均可支配收入的增加,我国健身娱乐业取得了很大的进步和发展。我国与发达国家在健身娱乐市场上消费额与参与人数比例有显著差距,但是我国正处于经济快速发展期,消费水平连年攀升。我国人民生活已步入富裕的阶段,富裕起来的中国人无疑将成为世界上最大的体育消费群体,将会推动体育产业迅速发展。这对我国体育产业的发展来说,无疑是一个机遇。

3. 高校体育场馆市场化服务将具备良好的外部环境

国民经济的高速发展推动了高校体育场馆市场化服务的发展。国家的经济实力增强了,人民生活富裕了,体育消费相应扩大,将会有更多的财力和物力支持高校体育市场化服务。我国高校体育场馆市场化服务在广度和深度上将进一步扩大对外开放,可以为我国高校体育场馆市场化服务的发展赢得更为有利的外部条件。我国高校已加快对体育竞赛表演、体育培训、体育用品、体育休闲、体育健身娱乐、体育场馆资源、体育技术、体育人才、体育教育、体育咨询、体育医疗康复、体育中介等市场的开放,同时,国外的相关行业也涌入我国市场。这种良好的环境和条件给我国高校体育场馆市场化服务奠定了良好的社会基础和经济基础,促进了我国高校体育场馆市场化服务的繁荣和发展。

4. 高校体育场馆市场化服务将促进资源优化配置

长期以来,我国高校体育场馆市场化服务资源仅限于内部配置和循环,效率比较低。在过去我国高校体育产业资源在国内外流动方面很差,不能有效地引进所需要的资金、技术及人才,我国高校竞技体育产业的功能也未得到充分开发;国内外的高校竞技体育产业资源存在很大差异,部分高校体育场馆市场化服务资源"流失"严重。我国的高校体育场馆市场化服务是整个市场经济框架的一个分支,是进入中国特色社会主义新阶段面临发展和完善的问题。在当今经济全球化的趋势下,我国的高校体育场馆市场化服务资源应当进入国际化配置的循环,实现资源的优势互补,从而进入新的快速发展期。高校体育场馆市场化服务本身也是一项需要国际交流的事业,这种交流在我国加入世贸组织和奥运会成功举办后将进一步扩大。我国将与各国、各地区建立更宽松、更透明、更有利于高校体育场馆市场化服务资源流动和配置的环境。在此前提下,加快了高校体育场馆之间的相互交流,推动了高校体育场馆市场化服务的进程。

二、高校体育场馆资源的市场化运作优化策略

高校的体育场馆专用性体育场馆较多,管理方式较混乱。体育场馆的管理尚无完善的管理方式提供参考,没有成熟的运行经验可循,大多数管理方式为市场化与行政化结合的"四不像"产物,缺乏专业的管理队伍。要搞好我国高校体育场馆的经营,取得好的效益,就得处理好社会效益和经济效益的关系,制定出以管理求生存、以服务求发展的指导思想,培养一支高素质的管理队伍,提高体育场馆的使用率,使高校体育场馆成为既能保证体育教学、开展群众体育活动,又能培训体育管理人才的双重基地。

(一)强化高校体育场馆市场化理念

加强经营理念,提高场馆市场化的意识,充分利用自身的优势实现自我造血,为社会服务,这种经营思想对高校体育场馆市场化有非常重要的影响。加强高校领导者的经济管理意识,"转变领导体育观念、加大体育经费投入和场馆设施建设"是当前乃至今后一段时间确保高校体育教育工作相对稳定发展的重要手段。

(二)建立高校体育场馆科学化管理制度

调查结果显示,目前大多数高校体育场馆市场化经营不善的一个主要原因

是体育场馆管理不完善、职责不清、经营观念落后,因此制定专业的管理制度就显得尤为重要。高校应结合自己的实际情况制定出相应的管理制度,对高校体育场馆的管理要有整体规划,合理布局,细致安排,确保高校体育场馆向社会有序开放。第一,各高校领导应在组织机构上给予支持,设置体育场馆经营办公室,配备专人负责。第二,在管理上,明确职责,制度规范化、透明化。在操作过程中,应该校内外有别,对校外社区大众,应遵循市场规律,制定科学的收费标准。第三,在运作中,积极实行激励制度,改变绩效评价,提高员工的工作热情,加强员工之间的团结与协作,增强凝聚力和活力。第四,争取学校领导的认同与支持,尽快制定出适合本校体育场馆对社会开放的制度与规定,做到有规可依、有章可循。

(三)引进、培养人才,提高管理水平

随着人们体育健身意识的增强,对体育场馆的硬环境和软环境的要求越来越高。因此,高校体育场馆市场化经营,绝不是开放几个场馆那么简单。高校体育场馆要想服务于大众,就必须为消费者服务,服务的好坏取决于管理和服务人员的素质。要提高高校体育场馆的服务质量,就必须依靠高素质的管理人才。高校要积极培养、引进高素质的管理人才,他们必须掌握体育场馆运作的相关专业知识,还要具备一定的组织能力、沟通能力、协调能力及良好的心理素质,这样才能保证体育场馆设施安全、高效运作。

(四)把握好教学与对外开放的度

目前,高校体育场馆市场化形式的开放还处于初级阶段,对外开放的度的把握是一个难题,管理不到位,很容易出现偏差。部分高校体育场馆的管理人员由于受传统的教育制度及思想的影响,存在观望和"等、靠、要"的想法,缺乏积极开拓、大胆进取的精神。开放也只限于本校师生,面向社会开放时仅靠接受某些社会团体租赁场馆来获取盈利,没有做到真正的开放。还有部分高校场馆的管理人员在体验到有偿对外开放的好处后,就无节制地开展经营活动,与学校的体育工作和教学任务发生冲突,造成很坏的影响。经营管理者一定要认清高校体育产业的经营是业余的,它必须在完成学校体育工作的前提下,利用场馆的课余时间进行市场化经营,不能主次不分、本末倒置。

(五)加强宣传，引导消费

高校周边的企事业单位和居民小区，是一个非常庞大的消费群体，所以高校体育场馆的管理者应组织人员深入调研，了解其运动需求和消费能力，有针对性地推出适合本地区大多数消费者的不同层次的服务。另外，高校体育管理部门应该宣传自己良好的整体服务形象，积极获取社会各单位、企业、团体对学校体育场馆使用的需求信息，为他们提供专业的体育服务，利用各种媒体宣传学校体育场馆的服务优势和特色。

第三节　高校体育场馆资源的数字化管理

随着科技时代的创新与发展，互联网技术的发展在人们的生活、生产中也在不断地深入和推进。高校教育管理与教学的方式也渐渐向网络信息化时代靠拢，在高校管理与教学的过程中通过引进网络数字化的资源和手段，能有效帮助其实现现代化与信息化的改革。尤其是对于高校的体育教学来说，通过开展网络数字化建设和管理，不仅将会有效提升体育教学的质量与效果，还能为当前的高校体育教学工作注入新鲜的血液，有效引领高校体育教育事业迈向一个新的发展台阶，让高校体育教育事业能实现更加长远和稳定的发展。

一、当前高校体育场馆管理的具体状况分析

高校体育场馆是学校进行体育教学、师生开展体育锻炼的重要场所，也是高校体育运动队训练，体育社团开展课余体育活动的必要场地。在当前高校体育运动发展日益成熟的背景下，各个高校都对体育场地设施建设增加了相应投入，无论是体育场馆的具体数量，还是相关规模，都实现了跨越式发展。但是通过对高校体育场馆管理与运营活动开展状况进行分析，可以看到由于高校体育运动在开展过程中存在自身特殊性，其整体利用时间较为集中，因此，多数体育场馆存在空置时间长、整体利用效率较低等一系列问题，从而大大限制和影响了体育场馆的价值作用发挥。高校体育场馆管理过程中，其客观投入与实际收益之间存在极大差距。

不仅如此，目前多数高校体育场馆在具体运行过程中，其依赖的主体都是

学校自身,无论是管理人员的专业程度,还是整个体育场馆的应用实效,均与实际需要之间存在极大差距。特别是高校的体育场馆管理使用的仍然是传统的经营模式,无论是经营费用,还是经营主体,均不理想。同时,高校体育场馆在运行过程中,未能将时代化元素融入其中,在信息化技术和智能技术应用不断成熟的过程中,信息化和智能化能够为高校体育场馆的具体情况管理提供有效帮助和具体支撑。但是目前多数高校尚未能探索到数字化管理与高校体育场馆管理之间的协调关系,从而限制了整个高校体育场馆的管理效果。

客观而言,对于高校体育场馆来说,其在应用过程中需要定期进行维护和检修,同时要对整个场馆的使用状况进行及时有效的监督。但是,目前很多高校对体育场馆的管理,使用的更多是传统的人工巡检的方式,无论是管理实效还是科学化程度都明显不足,尤其是随着当前高校体育场馆规模的不断扩大,传统的管理方式根本无法满足这一发展趋势。因此,探究合适的融入元素极为必要。不仅如此,随着社会大众对体育运动健康的价值认知日益成熟,如今高校体育场馆在开发过程中,参与群体应该结合时代发展的具体背景进行适当扩大。而参与群体的复杂性,加上参与时间的不确定性和灵活性,就需要高校体育场馆在管理过程中融入数字化技术,从而实现理想的应用效果。

二、高校体育场馆管理的基本要求

对于高校来说,体育教学机制及设施应用是其中重要的元素内容,而高校体育场馆管理也是该体系中的核心内容。随着当前多数学生参与体育运动的积极性不断提升,提升高校体育场馆管理水平就极为必要。结合高校体育场馆管理与应用的具体状况以及体育运动开展的具体需要,不难看出其在管理及应用过程中需要充分满足以下几个要求。

(一)需要充分满足学生的体育锻炼需求

结合当前高校体育教育不断成熟这一客观背景,在教学活动中,无论是体育运动的完善度,还是学生参与体育运动的热情和积极性,都得到了实质性的提升,而高校体育场馆作为承载和容纳学生参与体育运动的基础和载体,无论是管理还是应用,都需要充分注重将学生自身的锻炼需求系统化地融入其中,不管是体育场馆的维护与建设,还是具体的应用机制,都需要将学生的需要放在首要位置。而想要满足这一需要,就应探究体育场馆具体管理过程中存在的问题和不足,特别是要考虑学生的体育锻炼兴趣和锻炼时间及习惯,来安排场馆的具体管理模式及方案,从而充分满足学生体育锻炼需求。

(二)需要充分满足时代发展的客观要求

结合当前时代发展特点和发展趋势不难看出,信息化技术的各项影响已经成为当前高校体育教学活动开展过程中出现的新问题和新需要。首先,结合高校体育运动开展的具体要求,可以看到随着当前高校体育场馆数量的不断增加以及体育场馆类型更加多元,传统的高校体育场馆管理的使用模式已经无法满足庞大的管理规模;其次,当前学生的体育锻炼需求日益多元化,因此必须创新管理体系。在数字化管理体系建设过程中,管理者可以充分发挥信息技术的具体优势,实现精细化、集约化管理,以便对高校体育场馆进行及时有效的管理。在这一过程中,体育场馆的具体运行状况能够被管理者及时认知,并且便于做出统一部署与协调安排。

(三)需要将社会群体的体育消费需求与高校体育场馆的最佳利用相结合

随着全民健身热情的不断提升,如今整个社会已经形成了全面参与体育运动的良好氛围。但是客观而言,社会群体与学生两者所具有的体育资源并不匹配,高校的体育锻炼资源未能得到充分有效的应用,社会群体的消费需求未能得到有效满足。因此,如何才能将社会群体的体育消费需求与高校体育场馆的最佳利用相结合,就成为当前高校体育场馆管理过程中的重要方向。而通过纳入数字化管理机制,可构建体系化的体育资源利用平台,通过实现体育场馆资源的协调应用,能够尽可能地避免出现体育场馆空置的现象。将高校体育场馆应用与社会大众体育运动相结合的过程,是全民健身运动成熟发展的重要表现,而想要将两者系统化结合,就需要借助数字化成熟应用这一背景,从而为其发展提供扎实的技术基础。

三、高校体育场馆数字化管理的机遇

随着人们对身体健康的重视程度不断提升,健康已经发展成为高校体育教育全面关注的重要内容,而如何才能实现健康成长,探究合适的举措、选择合适的健身方案极为必要。当前,不论是高校的体育教学活动,还是体育运动的社会化、大众化程度,都在不断提升,可以说,参与体育运动已经成为社会发展的趋势与潮流。而在数字化和信息化发展应用日益成熟的过程中,高校体育场馆管理迎来了快速发展的重要机遇期。探究体育场馆管理的具体机遇,将会为高校体育场馆实现最佳利用提供实质性的帮助。

客观而言,数字化技术的成熟应用,无论是技术的体系化,还是其与各个行业之间的融入应用,都大大超越以往。因此,成熟的信息技术与完善的实施为该项管理工作具体开展奠定了重要的基础。结合高校体育场馆建设的具体状况,构建合理的管理体系就成为可能。当然,高校体育场馆作为公共场所,想要实现最佳应用效果,就必须将人们的多样需求系统化地融入其中。而在数字化背景下,收集、汇总和统计分析人们的体育运动需求成为可能,其得到的数据内容,能够为整个体育场馆管理和运行提供合适的决策依据。

不仅如此,当前社会大众对体育运动的关注度在不断提升,如今在高校体育场馆管理的过程中,可供借鉴及应用的元素更为全面、多样,如科学化的管理模式、合理化的管理规则等,这些都是数字化背景下高校体育场馆管理的重要资源。从高校体育场馆管理的具体状况来看,传统模式中的弊端与不足日益突出,因此,结合当前数字化发展应用日益成熟这一背景,探究适合高校体育场馆管理的变革机制极为必要。

四、高校体育场馆网络数字化管理的实现途径

(一)制定网络化数字管理制度

高校体育场馆建设和管理需要建立可持续发展,从而达到先进管理水平的管理机制,更好地为师生服务。规则和法规反映现代体育场馆的管理理念和管理模式,以及体育场的法律存在,是体育场馆加强管理的必要行为准则之一。科学合理的管理规章制度,对参与活动者可以进行有效控制,强化他们自觉遵守规则和场地,能从根本上保护场所和设施。目前,制度不完善、管理粗放、监管宽松、执行力不够、管理效率低下等情况还不同程度地存在于高校体育教学场管理系统中。网络的数字化管理规则的建立可以提高体育场馆的管理效率,降低管理者和体育教师的负担,减少纠纷,更好地服务于参与的体育教师和工作人员,实现体育场馆的有效管理。

(二)引进和培训网络数字化管理人才

建立高效的网络数字化管理流程,对体育教学场馆管理人员进行培训与管

理是一项十分重要的内容。目前,大多数高校的体育场馆管理人员以体育教师为主,其体育学科的专业知识较多,而计算机网络知识较为缺少,在调查中发现,多数管理人员可以正常应用日常网络化管理手段,而面对管理系统出现问题时,大多无法解决,所以高校体育场馆的网络化数字管理还需要相当一部分具备计算机技术知识和体育知识的复合型人才,以满足管理需求。

要实现体育场馆的网络化数字管理发展目标,需要场馆管理人员掌握多方面的知识,具有良好的知识结构,涉及体育教育、管理、计算机技术等一系列知识。学校可以通过引进外部人员和培训内部教师等形式培养高层次、复合型、特色鲜明的体育场馆管理人员。

(三)建立高校体育场馆网络数字化管理平台

现代科学技术的发展,计算机网络技术在大学校园的应用,都大力推进了体育信息资源的网络化数字管理,促进了体育场馆设施的网络化数字整合,加快信息共享,实现网络管理一体化,实现体育资源优化整合。首先,可以搭建网络选课平台,也可以增加校际体育资源共享环节,增加校际体育网络选修课程。其次,可以加强体育场馆设施管理,遏制资源浪费重复配置的情况,节省经费,高效利用。最后,可以建立网络管理平台,减轻管理人员的工作量,降低管理工作的复杂性和重复性,不仅能够有效节省场馆的管理与维护资本,也能在这一过程中实现整个资源的最佳利用。

(四)安装数字监控设备为体育教学提供安全保障

由于大多数高校建校时间较长,场馆内部的设施和环境都比较落后,没有得到及时的修整,因此存在着许多安全隐患。通过推动场馆的网络数字化完善,可以在整修的同时在体育场馆内安装监控装置,通过对体育教学过程的实时监控和考查及时发现问题,为学生提供更加安全的体育学习环境保障。

(五)开发应用智能软件,为师生提供更加人性化的场馆使用体验

当前,大多数高校的体育场馆都为室内的大型一体化建筑,不同的楼层与不同的单元提供不同的体育项目开展场地的功能。为了能有效实现场馆建筑功能的最大化,以及有效保障体育场馆内部的安全和畅通,日常对场馆的管理和维护就需要投入大量的人力和物力,如在每个楼层都需要安排安保人员进行

巡逻与钥匙管理,耗费大量的精力和财力。因此,可以进行智能软件的开发和引入,这样不仅能节约一些人力资源,还让学生能够通过手机进行场馆使用情况的了解,通过录入信息就能实现智能化的开关门打卡操作,有效提升了高校体育场馆使用的体验和效率。

第四节　高校体育场馆资源的社会化管理

一、高校体育场馆资源社会化管理的相关理论分析

(一)公共选择理论

经济社会中的物品分为两种:一种叫作私人物品,一种叫作公共物品。保罗·萨缪尔森提出公共产品必须同时满足两个特征:第一,消费的不具有排他性,即一个人消费不影响他人的消费;第二,取得的非竞争性,即在获得产品时存在搭便车现象。布坎南和奥尔森从不同的视角阐述了准公共产品的存在,即社会中还存在着大量介于纯公共产品和纯私人物品的准公共产品,叫作"俱乐部"或"集团"准公共产品,机构内部所有公共产品,对于成员的消费来说,没有竞争性和排他性,但是对于机构外部的成员来说,则依然具有竞争性和排他性了,不属于公共产品的范畴。在公共产品的提供中,萨缪尔森指出了一个规律:只有在社会成员通过公共产品获得收益等同于该公共产品的生产花费的成本消耗时,这个公共产品的提供才成为有效提供。但现实中无法提供采集公民愿望和让其如实表达其愿望的机制。因此,对于纯公共产品的供给可以采取中央集权制度、投票或者克拉克税的办法来提供。被誉为产权经济之父的经济学家科斯则认为,只要消费具有排他性,就能界定物品产权,那么市场机制是配置私人物品的最佳方式。由此,私人物品应当由企业来提供,而公共物品若由私人提供则由于搭便车现象和收费困难导致私人收益得不到保障,社会有效供给不足,出现市场失灵。因此,公共产品应由政府来提供。但是,公共物品也可以通过政府的直接授权由个人来提供,私有物品当然也完全可以由政府通过垄断形式来供给。

高校体育场馆资源的修建基本上都是依靠政府财政拨款,从性质上看应该

属于共有产品的范畴,对于所有参与体育活动的消费者来说,从大环境的角度来看,针对所有的使用者来说,没有竞争性和排他性,体现公平价值。但是,为了实现高校体育场馆资源的社会功能和经济创收,合理利用体育场馆的资源,参与市场竞争的过程中,又存在竞争性。"效率与公平"是公共决策中难于取舍的两个标准。一方面由于高校体育场馆资源的公共性,为了体现公平性,应该免费对社会开放。而另一方面由于高校体育场馆资源的维护费用高昂,政府财政压力大,应该进行市场运作,有效利用资源创造经济效益。因此,效率原则也不能忽视。

(二)运营管理理论

运营管理是通过输入加工完善后,输出有实际价值的一系列再创造的活动,并且通过产品的市场取向和相应服务供给形式来体现。运营管理的战略决策包括产品和服务的设计、质量、流程设计、选址、设备布置、人力资源和岗位设计、供应链管理、库存、作业计划和设备维护。

市场经济下,企业为了适应竞争都会采取积极扩大生产规模,进而获得更大利益的行为。规模扩张可以通过工厂复制和兼并收购两类方法实现。体育场馆要实现经济效益,将会受到两个方面的制约,那就是空间限制和时间限制。高校体育场馆资源作为城市公共设施的一部分,具有区域性的特征,在功能上,只能满足周围居民的体育健身需要,具有不可移动性。此外,高校体育场馆资源通过提供体育产品和服务来实现价值,这样的资产属于无形资产的范畴,虽然是可延续的,但是并不可以储藏。所以在运营管理理论的指导下,体育场馆的管理者应该拓宽思路,建立体育场馆服务体系,从服务内容的设计、质量、流程、人员配备、服务质量的监督等环节,理顺管理环节和服务流程,通过高质量、高层次的服务体系,积极开放高校体育场馆资源,做到有效利用、有效使用、有效获得收益。

(三)转型经济理论

转型是指由计划经济向市场经济转变的经济现象,是 20 世纪的中国最重要的经济事件。转型的目的是如何通过有效的市场制度带来经济的繁荣和发展。转型经济学首先要明确的是转型的目标和转型过程中的约束条件。经济转型的目标包含以下几个方面:

(1)通过引入具有竞争性的市场中可持续变化的相对价格,来改变计划经济对价格的约束,从而达到提高资源配置效率的目标。

(2)维持宏观经济的稳定,这才是价格体系能够正常运作的重要保障。

(3)通过激励机制和相关安排整顿来管理公司,是公司对市场信息的及时反应。

(4)创造出能够调控市场经济的政府组织和机构。

激励机制对于经济的转型起到至关重要的作用,棘轮效应和软预算约束是计划经济模式下导致全民所有制企业效率和效益比较低的重要因素。

棘轮效应是指计划体制下经理人不愿冒下一年调高计划目标的风险,去过多地超额完成计划。软预算约束是指在计划体制宏观调控下一切按部就班地进行,眼睁睁看着企业亏损也不能去解救,而是任其自生自灭。通过所有权转移和私有制下的公司治理能取得更高的效率。

高校体育场馆资源属于国有资产,基本上都是统筹统支的方式,政府负担较重,同时,也造成体育场馆资源的浪费。目前,针对高校体育场馆资源的现实情况,应在权责清晰、管理有序的基础上,积极主动投入市场经济的竞争中,通过形式多样、机动灵活的弹性激励制度,有效提升高校体育场馆资源的开放和利用。

(四)有效供给理论

在西方早期的经济理论中,对于供给决定论的研究作为其主要研究内容。马尔萨斯在《政治经济学原理》一书中首次指出了有效需求理论,但是并没有提到有效供给的相关内容,其他西方古典经济学家们都没有对于有效供给做出明确的界定,但是在他们的论述中,都或多或少地提到过有效供给相关的内容。所以,古典经济学家都是以供给为主要的内容,通过需求的刺激来保证供给的不断增加,而政府作为主导应该对二者不断进行刺激。然而,在1930年之后,随着资本主义市场经济的大萧条,原有的理论已经承受不住经济实体表现的矛盾冲突,以英国经济学家凯恩斯为代表的经济学家不得不承认,有效需求不足是造成就业不足,而且是导致资本主义经济萧条的重要因素。通过凯恩斯的理论研究可以看出,社会需求量取决于有效需求。有效需求指的是供给商品的价格满足总需求价格的标准时的需求量。消费需求和投资需求是构成有效需要的两个要素,如果消费需求不足时,就会引起投资需求的不足,而当需求量小于总供给量时,就会造成有效需求的不足,这样的后果就是经济危机和失业,这时通过市场价格机制是无法调节的。从 1970 年始,由于长期奉行凯恩斯的有效需求理论的影响,西方国家出现了经济懈怠和通货膨胀等问题,对于这个现象,经济学家罗伯特和乔治提出了生产和供给的供给学派理论。把凯恩斯的需求理论排到了次要的位置,认为供给才是首要的问题。在社会经济活动中,生产要素的投入是首要的因素,然后才会有产品投入市场,由供给量决定需求量。这样市场机制的作用就尤为重要了,加强对个人和企业生产经营积极性的刺激来提供劳动效率达到增加供给量的目的。

我国改革开放以来,一直专注供给问题的研究。我国体育产业和体育公共事业的发展应该借鉴西方经济学研究理论和成果,结合我国的实际情况,正确处理好供给和需求的关系,确保体育事业的良性发展。目前,影响我国体育场馆有效供给的因素有三个方面:第一,供给主体的因素。我国的公共体育场馆的发展规模较小,所提供的体育产品类别、服务质量水平以及经营管理水平都不很高。第二,外部影响因素。我国对于公共体育场馆的建设和规划不够明晰,对于公共体育场馆的政策法规不够明确,导致目前公共体育场馆的现状不够乐观。第三,关联因素。我国体育场馆的管理体制需要改革,体育场馆的开发模式需要多样化,积极运营体育产业的市场机制,才能进一步提高体育场馆管理的整体水平。

(五)社会化理论

社会化理论是一种认为教育的主要功能在于维护资本主义经济制度生存和发展的激进理论。根据现代资料显示,社会学中对于社会化的研究源头能追溯到美国的社会学家库利在 1902 年发表的《人类本性与社会秩序》的书中阐述。在 1950 年以后,随着结构功能主义社会学的起步,社会化被认为是社会整合资源的基础环节之一,关于社会化的研究也开始盛行起来,渐渐成为社会学研究中一个非常显著的分支领域。到了 1970 年之后,机构功能主义社会学渐渐地被人们所遗弃,社会化的研究也随之开始被冷落了起来。目前,在社会学的研究中,社会化的研究已经不被人所想起,成为比较冷门的话题。

随着时代的发展,人们对于社会学研究的深入探索,社会化的内涵以及研究的内容也同时在不断变化中。关于社会化的概念,可以从三个角度来诠释。首先,从文化的角度来看社会化。社会化是人类繁衍生息的生存环境内对于文化遗产的代代延续传承的过程,社会化的实质其实就是社会文化的本质延续。从文化的角度来看社会化,就是偏重于社会文化的延续过程以及生存在社会上的个体对于文化的适用能力。其次,从个性发展的角度来看社会化。社会化被看作为人的个性养成和人格塑造与发展的过程。从个性发展的角度看社会化,就会注重于个体在社会过程中成长进程,特别是从社会中取得社会经验以及社会习惯的收获。最后,从社会结构的角度来看社会化。社会化是个人参与社会后所承担的社会角色,所组织的社会结构中进行隔代延续的过程。从社会结构的角度看社会化,就会强调人参与社会的互动活动,从而获得社会规范和社会生活方式的相互养成过程。社会化过程就是社会角色担当学习的过程,在这个过程中,个人通过学习,逐渐了解自己在群体以及社会架构中的地位,领悟并遵从社会对这个角色的规范和期待,学会如何顺利地完成角色义务,完成年代的延续。

近年来,社会学中关于社会化的研究一般都是强调社会化是个体与社会之间的双向互动的过程。一方面,个人作为参与社会化的客体,是社会文化实施教育同化的对象和目标,社会按照固有的模式运行并传承下一代新人,使个体必须保持与社会的同步,或者说个体通过社会的同化功能之后渐渐获得了社会成员的资格。社会化是人类学、社会学和心理学等多学科领域都非常关心的课题,从广泛意义来讲,个体在经历社会文化延续的过程中所获得的内容,都是社会化的范畴。所以说,社会化的内容是多样化的,有社会知识、社会经验、价值规范养成、自我个性发展等多个方面。

体育是人类根据自己的意愿参与社会的产物。体育源于社会的同时也服务于社会,从社会的角度和功能上来看,符合社会化的理论基础。首先,体育具有政治功能。体育作为一个国家综合实力的象征,不仅仅是不同国家国民身体素质的竞争,还具有唤起民族团结意识,增强民族凝聚力,促进社会整体进步的功能。其次,体育具有经济功能。由于体育的发展,已经从计划经济慢慢转变为市场经济,通过不同方式的运营机制、体育竞赛、体育产业等方面的经济主体相继出现,带动交通、旅游、餐饮、住宿等方面的发展,特别是体育器材服装、用品用具、仪器设备以及体育科研、运动饮料等领域的发展。最后,体育具有社会整合功能。体育已经成为目前社会文化的代表之一,不管是从体育的组织形式来说,还是从体育所赋予人们从事社会活动的内涵来说,体育都带动了人们参与社会从而获得价值的整合功能。

从体育的功能上来看,符合社会化的理论内涵,所以体育场馆在协助体育实现各项社会功能的角度来说,具有非常重要的作用。体育场馆在参与社会的同时,也恰恰是作为一个客体,参与社会文化的整体进程。因此,对于体育场馆的社会化的研究,有利于体育场馆的开发利用,有利于体育场馆的价值实现,有利于体育场馆的资源整合。

二、高校体育场馆资源社会化管理方式分析

(一)高校体育场馆资源管理体制改革的必要性

我国现行的高校体育场地管理体制,在各个层面上依然是管办不分的管理模式。改革高校体育场地管理体制的动因主要来自以下四个方面。

1. 高校体育场馆资源运营模式逐步向俱乐部模式发展的需求

目前,我国高校体育场馆的使用和服务是以学生参加体育活动的时间为轴心的。除了教学竞赛训练外,更主要的是完成广大学生的课外体育活动。久而久之,全国绝大部分高校的场馆开放都是以三种方式出现的。

(1)控制式开放

控制式开放方式主要是按管理条例控制那些全封闭或半封闭的场馆的开放使用。这部分场馆主要用于竞赛训练教学。它的特点是设施维护较好,场地破坏性小,但使用率不高,不能完全满足学生的要求。

(2)自由式开放

自由式开放方式指由于建设时经费的原因或没有充分考虑到这些场馆的使用和管理,造成设施不全,只能 24 小时任意让学生使用。它的特点是面积大,设施简单,管理难度大,同时破坏性也极大。具体表现在学生对场地使用密度大,爱护设施的自觉性不够;不少高校都是短期行为的聘请缺乏专业知识及事业心的临时工担任管理员,造成服务水平和质量都达不到应有的要求,设备不能得到及时修理和更新,不能满足学生的要求。

(3)收费式开放

收费式开放指各高校目前只是针对那些学生感兴趣、消耗成本高,课内又无法大量安排的项目来采取有偿服务,故范围较小。它的特点是通过有偿服务达到以场养场的目的,减轻了高校的负担,深受学生欢迎。通过有偿服务的场馆开放方式,专人规范化管理,可以使场地得到封闭和维护,对高校体育硬件的

建设和发展起到相当的促进作用。我国高校的体育场馆开始面向社会,由单一的教学功能逐渐向经营服务型的多功能方向转变,逐步适应社会发展和全民健身的需要。

2. 社区居民对体育场馆的需求

健身是社区居民的普遍需求,体育场馆建设与规划,是体育场馆向社会开放的前提与基础。资料显示,截至 2019 年底,我国人均体育场馆面积为 2.08 平方米,而发达国家如美国,人均场馆面积高达 16 平方米。可见,我国群众用来健身的运动场馆还远远不够,这已成为开展全民健身运动的瓶颈。

3. 由行政管理向服务市场导向转化的需求

我国传统的高校体育场馆资源管理体制是一种政府主导型的模式,在实现社会主义市场经济体制以后,旧的管理体制相应进行了改革,但新的体制还需要进一步完善。究其原因,主要是政府公共体育服务能力不强、公共政策与法规不到位,其深层次原因主要是存在着"垄断"行为,需进一步深化管理体制改革,打破单位"垄断"。管理体制的核心是权限的划分,改革的重点是进一步开放各事业单位场馆,提高其利用率,让社区居民受益,让社会公共体育产品"还权于民"。改革的任务,主要有两方面:①通过深化社会组织体育场馆管理体制改革,将体育场馆管理工作从社会组织中分离出去,交给社会自治组织共同治理,有利于提升社会的民主自治能力,增强社会的自我管理和自我服务功能;②推进政府与社会合作,推进社会组织体育场馆服务于社会的实践,谋求双赢发展。体育也是构成城市综合竞争力的软实力,社会效益是第一位的。"管办不分"将缺乏市场活力。从事业单位资产的结构上看,高校内部的体育场馆属于国有资产。这些场馆和设施的资产一旦被固化,其投资成本是很难被收回的。从体育产业的总体格局审视,这类资产是公共服务和体育产业链上不容低估的一环,应当承担人民群众锻炼健身的责任。

传统的高校体育管理体制存在着管理方式行政化、运作机制非效率化、资源配置非社会化的问题。以浙江省宁波市为例,2000 年以来,宁波市积极探索学校管理体制改革,推进高校、企事业单位体育场馆向社会开放、服务社会的进程,谋求市民满意、政府与社会组织间的双赢,提升全市社会公共体育服务能力。例如,传统管理体制,由于"管办不分",缺乏市场机制,要实现服务社会的功能,满足群众对体育的多样化需求是不可能的。为改变这一局面,宁波市政府一方面加大了对社区公共体育设备设施的投入,同时做出规定,要求各高校和事业单位内部的体育服务设施应向公众开放。各学校和事业单位大都积极响应，认为老百姓爱锻炼，我们就应该支持，高校体育场馆资源为社会大众服务是应该的。不仅大部分运动场、篮球场向锻炼者开放，而且新建的游泳馆和综合训练馆也向社会公众开放，收费标准都很低，其目的就是要积极推进体育场馆管理体制改革。

4. 建立公共体育服务理念的需求

绝大多数高校的体育场馆属于国有资产，高校体育场馆资源管理也具有公共服务的属性。因而，高校场馆和设施要承担人民群众锻炼健身的责任，社会效益是第一位的。可以说，确立公共服务的理念，是高校体育场馆资源管理体制改革的思想基础，作为高校，要根据市场经济的规律，以强化公共服务为主线，把向社区群众提供公共体育产品和服务，作为高校的工作任务和基本职责。作为各级政府则要加强制度建设，加大高校体育场馆资源向社区群众开放力度。同时，要加大对高校体育设备设施的投入，尽力提供更多、更好的社会公共体育产品。

（二）高校体育场馆资源对社会开放管理方式研究

1. 政府统筹主导高校体育场馆部门管理方式

高校体育场馆资源对社会开放试点工作已经在全国范围内推进了多年，各省市根据试点工作的开展，总结经验，制定了适合自身实际的指导意见。高校体育场馆资源针对对外开放工作有了确切的方式与方向，由政府统筹主导，责任主体由各级县、区和社区组织担任，高校在完成日常的体育教学任务之后，所有的体育场馆可以对周边居民开放，充分利用社区内高校体育场馆资源的丰富资源，协助社区开展各项体育活动。

社区体育顾名思义，就是由社区开展，为社区成员的娱乐、健身提供服务为宗旨的体育活动。社区体育管理是将社区体育资源经过合理的整合，将资源的最大价值发挥出来，将社区体育目标的活动得以实现。开展社区体育，它的组织体系必须完整。它的组织结构由市政府、区政府、街道办事处和居委会体育组织及体育活动点这四个组织机构，政府牵线，街道主体实施，依靠社区居民，在高校建立体育基地，这样，如图 6-1 所示一个完整的社区体育组织体系形成了。只有这样才能保证群众体育锻炼和大型体育活动的开展。

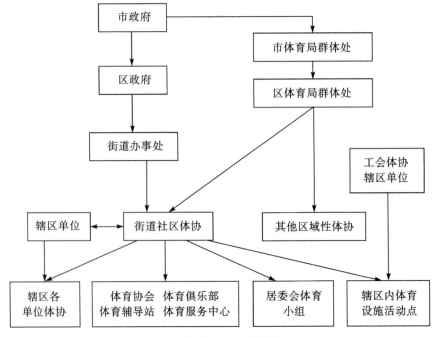

图 6-1 社区体育组织管理体系

体育场馆管理中心作为高校的重要职能部门,负责高校体育场馆的管理、场地和设备的维修和保养、资源的合理化利用等。因为管理有社区的参与,高校体育场馆资源向公众开放的主要责任是明确的,高校体育场馆资源向社会开放的责任方是区、县人民政府社区,还会为高校办理相关运动损伤意外保险。具体的管理方是各高校体育场馆的管理部门,由其负责管理体育场馆的日常运营,要针对本校的具体情况,制定出体育场馆对外开放的时间,公示相应的收费标准,并负责本校体育场地器材的维修维护等工作。各区县社区街道的体育组织负责为开放的高校办理许可证等相关手续,并提供各方面的大力支持。另外,各区县政府对免费向社会开放的高校在资金上给予补贴,用于更新补充和维护高校的体育场馆的专项资金,不准挪用他处;对于收费运营的高校体育管理部门的收入,设立专业账户,其所有收入用于本校体育场馆的维修、更新、补充等,不可挪用此项资金。政府统筹主导高校体育部门管理方式流程如图 6-2 所示。

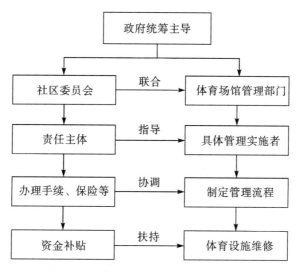

图 6-2　政府统筹主导高校体育管理流程

该方式的优点是：明确了责任主体，办理了合法手续和保险等，解决了高校体育场馆资源对社会开放的后顾之忧，拉近了高校与社区的关系，建立了良好的社会形象，又因为对社区体育场馆的充分利用，还能更好地开展社区及高校体育活动。同时，为了对高校设施更方便的检查和维护，大多采用本校人员管理。适当收费有利于在实现体育场馆的经济效益的同时，还可以使本校体育教育资源得到充分利用。

该方式的缺点：需要社区设立相应的体育管理行政机构，配合高校体育场馆资源对社会开放的各项工作，同时要耗费高校较多的精力协调社区使用体育场馆的各项工作。耗费人力物力的同时还要求社区的组织成熟，避免工作上出现相互推诿的现象。缺乏专业精神的管理可能对居民的吸引力不足；管理经验缺乏，容易出现紊乱和其他事故；高校向社会开放体育场馆，是非营利性的，在办理各项手续时会受到很大阻碍。

2. 物业委托制管理方式

2000 年，高校后勤改革在国务院办公厅转发教育部等部门《关于进一步加快高等学校后勤社会化改革的意见》后正式开始。2003 年，为了给高校后勤的社会化改革供给更大的保障，财政部、国家税务总局出台了《关于继续执行高校后勤社会化改革有关税收政策的通知》。

从根本上说，高校后勤社会化之所以改革就是要为高校卸掉后勤管理这个沉重的包袱,这样就可以有更多的时间来狠抓教学科研。高校体育场馆资源是高校中非常重要的资源,也是高校后勤管理中的一部分。因此,高校体育场馆资源的物业管理也理所当然地成为高校后勤社会化管理中一个组成部分。一方面通过物业对这些体育场馆的有效维修、维护和管理,能够极大地促进体育场馆的保值增值,同时发挥了公有制体育场馆社会公益性作用。另一方面,在满足社会需求的过程中,对这些体育场馆进行高质量、高水准的物业运营管理,不仅降低了管理成本的支付量,还提高了管理效率和管理水平,从依靠政府财政拨款转化成有一定自主权的独立经营。

物业管理的目标是提供优质服务,而将高校的后勤社会化的宗旨依然是服务,那么高校体育场馆的物业化管理既是为了更好地服务于教学,使教学和运动休闲得到满足,又是为了充分地将高校的体育资源开发出来,并积极地对社会开放。在高校后勤社会化的环境里,物业公司的管理模式在高校体育场馆资源管理中越来越多地使用,并收到了良好的效果。拥有着现代企业管理科学和理性经验的物业公司,以专业的服务和良好的质量,完整的技术人员,提供全方位的、舒适的服务。由于物业公司是市场化企业运营方式,拥有高校体育场馆资源的管理权和经营权之后,就成为责任主体,参与体育锻炼的群体在享受优质的服务之外,也有了强有力的安全保障。物业公司管理方式流程如图 6-3 所示。

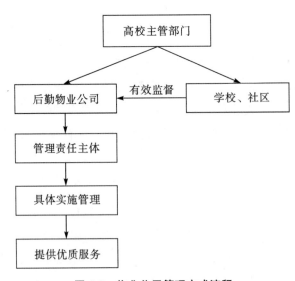

图 6-3 物业公司管理方式流程

该方式的优点：由于物业管理融入后勤管理之中，可以对体育场馆设施进行及时的维修维护，延长体育场馆的使用寿命；能够非常合理地安排开放时间和项目，创造最大的利润空间和经济效益。

该方式的缺点：政府支持力度不够，各种赋税较多，物业公司压力很大；物业公司的服务质量和标准，不能随时有效地进行控制，高校和社区组建的业主组织的监督效果不够明显。这就需要国家出台一定的评定体系，有效评价，有利于提升服务质量。

3. 专业体育经营公司管理方式

体育管理公司具有丰富的体育科学知识和先进的管理经验、系统完善的管理体系和方法，体育管理公司可以运用科学的市场定位分析，对适应大众要求的健身项目进行合理的引进，为了扩大体育场馆的效益创收，要进行可行的市场商业行为。因为在人员培训、场馆与体育器材的维护、资源配置等方面，管理公司都有先进的经验，可以提高场馆管理水平，延长设备的使用寿命，所以需要快速有效地培养综合性体育场馆需要的人才，为自身发展积累丰富经验。体育管理公司组织结构如图 6-4 所示。

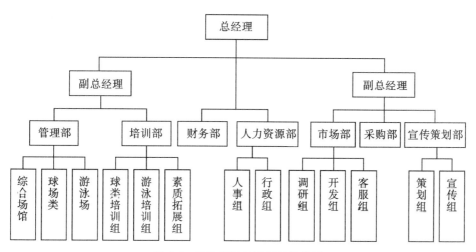

图 6-4 体育管理公司组织结构图

体育管理公司可以使资产所有者对资源和项目起到监督作用，从而形成综合体育场的一整套科学管理线的管理和发展——"体育场馆管理线"。体育管理公司参与管理的做法，被许多国家广泛使用，如比利时、美国、法国等。体育管理公司的引进，对综合性体育场馆所需人才能够实现直接、快速有效的培养，为自身的提高积攒了大量的经验。体育管理公司方式流程如图 6-5 所示。

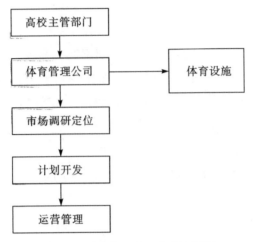

图 6-5 体育管理公司方式流程图

该方式的优点：专业的体育场馆管理和经营的经验，科学合理地开发利用设施资源和经营方式多元化，可以使高校体育场馆资源开放项目更多、更灵活；可以将长期、稳定、高质量的服务提供给周边居民。同时，高校也有一个更充足和稳定的体育场馆维护基础，对于体育场馆的再投入和换代更新提供了保障。

该方式的缺点：由于择优选择管理公司进行管理，互相都有自主的选择权，存在不稳定的因素。高校要随时监督管理公司对于体育设施的更新维护工作，保证国有资产的保值率。对于管理公司的制度还不够完善的问题，缺乏针对具体问题的解决方案，缺少参照材料和法规政策依据。

第七章　高校体育教学环境资源的优化与管理

第一节　高校体育教学环境资源概述

一、高校体育教学环境的意义

环境是人类生存的最基本条件,人必须在环境中生存,没有适合人类生活的自然环境与社会环境,也就无从谈及人的生存与发展。体育运动是在特定的自然环境下进行的,创造和改善适宜的体育环境,将有助于促进体育运动者的兴趣和身心健康发展。良好的体育环境能够促使学生自觉地、积极地、科学地参加体育运动,有利于学生身体正常的生长发育,促进学生体格、体能以及身体素质的不断提高,增加学生对自然环境的适应能力和对疾病的抵抗能力,培养学生运动的兴趣及顽强的意志品质。正常的教学活动离不开一定的教学环境,教学环境的好坏对于教学活动能否顺利开展以及教学质量的高低具有直接的影响。体育教学是在特定的环境下进行的活动,科学合理的教学环境是教学任务完成的基础保证,是体育教学工作能否顺利进行的关键因素之一。

二、高校体育教学环境的特点

(一)身体活动与认识活动相统一

在高校体育教学的过程中,既有身体活动,又有心理活动和认识活动,能够使学生的身心得到全面发展。这种身心一元、身心统一的实践过程,是体育教学区别于其他学科的特点之一。

（二）户外实施教学

高校体育教学多在室外进行，阳光充足、空气新鲜，许多自然条件本身可以作为锻炼人体的因素，从而更好地提高健康水平，有效地增强体质。

（三）教学组织形式变化多样

高校体育教学是在活动中进行的，其与学生的身心发展水平有着直接的关系。此外，它还受环境的干扰、场地设施等诸多因素的制约，由此决定了体育教学组织的复杂性和组织形式的多样性。

（四）培养意志品质完善自我

在高校体育教学中，通过竞赛可以培养学生所必需的竞争精神；通过规则的学习和运用，可以培养学生诚实、守纪律的品质；通过在运动中克服自身生理负荷和器械、环境、自然条件等带来的困难，可以培养学生吃苦耐劳、勇于拼搏的意志品质。同时，体育活动具有交往多样性的特征，这可以加强人际交往，提高学生的社会交往能力；体育教学内容丰富、形式多样，使得学生的思想和言行在体育教学过程中表现无遗，有利于培养学生的思想品格。可见，高校体育实践活动既可以使学生的身体得到全面、积极的锻炼，又可以使学生在思想、道德、意志、情感、社会交往等方面受到教育。这是体育教学区别于其他学科以智力培养为主的主要特点。

（五）受客观条件的制约性大

体育教学区别于其他学科教学的另一特点是，它会受到多方面客观实际情况的制约。从教学对象来看，在体育教学的过程中不仅在运动基础程度上要注意区别对待，而且必须体现对学生的年龄、性别、生理和心理特点以及体质强弱等实际情况的区别对待。例如，由于身体发展的性别差异大于智力发展的性别差异，男女生在身体发育的不同时期，在身体形态、机能水平、运动素质、运动功能等方面具有明显的差异，而且男女生在运动中的心理状态也有很大的不同。因此，在教学设计、教材选择、教学组织等方面就要考虑男女生的性别差异。如果忽视了这些特点，盲目地进行教学，不仅收不到增强体质的教学效果，还有可能损害身体健康。体育教学对客观气候条件和场地、器材设备条件的要求也较高。高校的体育实践课大多是在室外进行的,受气候变化的影响较大,气候突变会对体育教学带来极大的不便。因此,高校体育教学应根据这些客观实际,从学年的教学计划到具体课时计划的教材内容和教学组织方法,都必须考虑季节气候特点进行教学,同时要利用严寒、酷暑等条件培养青少年学生适应环境条件,增强耐寒抗暑的能力。此外,在体育场地、器材设备上,要因地制宜、因陋就简地创造必要的条件上好每一节体育课。

三、高校体育教学环境的构成要素

任何体育教学活动都是在特定的体育教学环境中进行的。体育教学环境是多个因素的构成体,这里将体育教学环境分为物质环境、制度环境和心理环境三个层次来概述。

(一)体育教学的物质环境

体育教学的物质环境是体育教学环境的一个重要组成部分,是学校进行体育教学活动的物质载体或物质基础,没有这个物质基础,体育教学活动只能是空中楼阁,根本无法进行。体育教学的物质环境是体育教学中各种有形的、静态的硬环境部分,主要包括体育教学场所、体育教学设备、体育教学的自然环境、体育教学信息、班级规模、队列与队形等。

物质环境是指对体育教学过程发展产生影响的物质要素的总和,它包括三大要素:体育实物性要素,如体育场馆、体育设施、体育器材等;体育组织性要素,如班级、俱乐部、兴趣小组、体育社团等;体育可物化要素,如体育教学经费等。

体育是一个实践性很强的课程,在学校体育教学环境中,体育物资设备起到了载体作用,教师通过体育器材来实施教学,学生则通过体育器材、场馆进行体育活动。通常体育教学物质环境包括自然环境和体育设施环境。自然环境指的是学校的花草树木、空气、噪声、光线等,这些客观事物在一定程度上影响了学生的学习和训练;体育设施环境指的是由后天改造而来的体育设施,如体育场馆、体育器材、教学设备(秒表、录像带、光盘等),体育设施的好坏直接影响到教学质量的好坏。此外,由于物质环境是客观事物的体现,合理的场地规划、整洁的场地能使学生产生良好的体育兴趣,本身便具有教育作用。

1. 校园自然环境

体育自然环境是指与体育这一主体相互联系、相互制约、相互作用的一切自然条件,如山川、河流、大气、土地、噪声、生物等。这里所讲的体育自然环境,并非广阔无垠的自然界,而仅指与体育这一主体产生相关性的自然环境因素,因此体育自然环境的分类与环境科学中的自然环境的分类方法也有所不同。

体育教学通常在户外环境中进行,户外的阳光、温度、湿度、气味、空气流动、风、降水、声音等构成了体育教学的自然环境。体育教学的自然环境在我国南北方的差异较大,南方多雨、潮湿,植被茂盛;北方少雨、干旱,风沙大,都对体育教学产生了很大的影响。因此,经济条件好的学校应多建室内场馆设施,经济条件差的学校应尽量克服不利的自然条件,因地制宜地开展体育教学。

2. 体育场地

体育教学与其他学科的教学相较,具有一定的特殊性,不仅需要教室进行体育理论课的学习,还需要场地组织学生进行身体练习。其中,我们常见的有田径场、篮球场、足球场、排球场和游泳池等。经济条件好的学校还建设了风雨操场、篮排球馆、游泳馆等;经济条件差的农村中小学的运动场地仅有 $1\sim2$ 块篮球场地,甚至于只用一块平整的空旷场地就构成了体育教学场地。

运动场地的地表材料、颜色以及清洁度是构成体育教学场地的第一重要因素。优质、色彩鲜艳和整洁的体育场地不仅会极大地激发学生的运动兴趣,还可以给予学生安全感,甚至可以自然地提高学生的运动强度。此外,场地上清晰和规范的场地线还有利于学生遵守规则。

3. 场地周边物体

运动场地周边的景物色调以及与体育场地的协调感是构成体育教学物质环境的重要因素。漂亮和谐的校舍、树木、草坪、体育围网、栏杆以及可以看到的其他景色会使学生感到安逸和安全,调动学生的学习积极性,消除恐惧感和疲劳感。春夏季节里,足够的树荫还可以使学生感到清凉。

4. 体育设施

体育场地里和周围设置的体育设施的质量、多少、颜色以及清洁度是构成体育教学物质环境的重要因素。排列合理美观、数量适当、色彩鲜艳和整洁的体育设施会对学生的运动产生感召力,形成浓厚的运动氛围,在体育设施周围设置的提醒标志以及对运动方法的解说还能帮助学生进行安全合理的体育锻炼。

5. 体育器具

体育器具的材料、形状、颜色、清洁度、完好度和新旧程度是构成体育教学物质环境的动感性因素。材料优质、形状合理新奇、色彩鲜艳和完好的体育场地会极大地激发学生的运动兴趣，可以潜移默化地提高运动的强度，同时给予学生运动的安全感。

6. 体育教具

体育教具是指体育教师带到体育课堂上的挂图、模型、黑板、多媒体设备等教学工具。这些教具的质量和科技含量构成了体育教学环境的文化性因素。加工精美并蕴含知识的教具会提高体育教学的文化氛围，提高体育教学的学术性色彩，激发学生的提问意识和思考，有利于学生的探究性学习和创新性学习。

7. 班级规模

班级规模是指一个班学生人数的多少，它对体育教学效果有较大的影响。体育教学不同于室内理论教学，学生多数时间并不是坐在教室内学习。体育教学需要学生具有一定的活动空间，班级规模大必然会产生教师管理困难、冲撞伤害事故增加、人均占有场地器材率低、学习效率不高等问题。因此，体育课的班级人数规模应适度，一般保持在 20～40 人为宜，但目前国内很多中小学班级人数规模都在 50～80 人，这种矛盾在短时间内确实无法解决，可以通过加大场地设施建设和分组教学的形式加以缓解。

8. 运动服装

教师和学生的运动服装也是构成体育教学物质环境的重要因素。优质、色彩鲜艳、合身和整齐划一的运动服装会使学生感到与集体的统一性，还会增强学生的自信；符合运动特点的服装能增强运动强度和运动的安全性；体育教师的良好穿着更是潜移默化的教育因素。

(二)体育教学的制度环境

制度环境是指一系列与政治、经济和文化有关的法律、法规和习俗，有广义与狭义之分。广义的制度包括体制、机制、律法、规章条例、行为规范、习俗等，狭义的制度主要是指规章条例。体育教学的制度环境是形成好的教学效果的制度保证，有些是以文字形式说明的规章制度，有些是在师生头脑中形成的口头的共同约定。体育教学的制度环境通常包括课堂常规、行为规范等部分。

1. 体育课堂常规

体育课是必修课，教学常规是为了保证体育教学工作的正常进行，要求师生共同实施,以使得教学有序有效。

体育课堂常规是在体育教学中为了完成课程的教学任务对体育教师和学生所提出的共同要求,如上课时体育教师和学生都应该穿运动服和运动鞋,课程开始时师生之间相互问好,课程结束时师生之间相互道别等。这些表面上看起来微不足道的小细节,其实隐含着巨大的教育作用,对师生的课堂行为具有极强的规范和约束作用。特别是如果体育教师能长期坚持不懈地贯彻课堂常规并能以身作则,将对学生的体育态度与行为乃至思想品德产生不可估量的影响,这种影响甚至也许会持续学生的一生。

2. 行为规范

行为规范是教师和学生在扮演个人角色时的行为准则。对每个个体行为规范的明确规定也是体育教学制度环境中不可缺少的因素。文明、友善和具有集体性的个人行为可以使集体形成良好的风气,能使个别不良的行为受到约束和批评,能提高教学质量并使教学的氛围富有教育意义。

3. 组织纪律

组织纪律是维护集体活动有效率地进行、维系正常人际关系及构成体育教学制度环境的重要因素。合理而适度的规定能使集体活动富有效率,能使集体具有良好的风气,能使不良的行为受到约束和批评,能提高教学质量。

4. 运动规则

运动规则是体育教学中特有的制度,是体育教学制度环境中鲜明的特征性因素。合理的运动规则可使体育比赛具有公平性,使体育学习和竞赛充满乐趣。制定一些特殊的规则还可以照顾学生的个体差异,使每个学生不会因不可抗拒的先天身体条件而被排除在竞争与合作之外。

5. 作息制度

一个学校的作息制度,大致规定了学生每天在学校的各种活动内容、时间顺序等。体育教学的时间安排也是由其所决定的,作息制度的安排应该充分考虑学生一天生理、心理活动变化的基本规律,因为学生的生理、心理活动能力在一天每个时段的表现是不同的。研究表明,人体运动能力最佳的时间是下午,因此,体育课安排在下午是比较合理的。当然,这还要考虑到各个学校具体的实际情况。

6. 体育成绩评价方法

体育课成绩评价包括评价指标、评价指标权重和评价标准等几个方面,它是对学生体育学业成绩的一种衡量。体育成绩的评价方法对体育教师的教和学生的学都有一定的导向和激励作用。评价方法运用得恰当,可以调动学生学习的积极性,并能使体育教师及时获得学生学习的有关反馈信息,为体育教师改进教学提供依据。

(三)体育教学的心理环境

体育教学过程中,教师、教材、学生、教学手段等因素之间存在着紧密的联系,它们之间既有物质的联系,又有心理的相互作用,这种心理的相互作用就构成了一定的体育教学心理环境。良好的体育教学心理环境对体育教学活动有重要的影响。首先,它有利于沟通体育教学信息,交流思想,促进教师与学生、学生与学生之间产生心理相容和情感交流。其次,它有利于克服和消除学生的生理和心理疲劳,提高体育教学效果。最后,它还有助于维护正常的体育教学秩序,使学生和教师顺利地完成体育教学任务。

1. 校风、班风

校风是一所学校所特有的占主导地位的行为习惯和群体风尚,体现为一种独特的心理环境,它是稳定且具有导向性的。校风是一种无形的环境因素,也是一种巨大的教育力量,一所学校的学风、教风、体育教学的开展情况无不与校风有关。校风是以心理气氛的形式出现的,这种心理气氛一旦成为影响整个群体生活的规范力量,它就是一种具有心理制约作用的行为风尚,并依靠群体规范、舆论、内聚力来发挥作用。

班风即一个班级的风气,是由班级成员共同营造的一种集体氛围。班风反映了班级成员的整体精神风貌与个性特点,体现出班级的内在品格与外部形象,引领着班级未来发展的方向,对班级建设具有重要的导向作用。班风是经过长期、细致的教育和严格的训练,在全班逐步形成的一种行为风气。良好的班风将为班级学生的成长、发展提供一种有效的动力和压力,使班级里具有亲切、和睦、勤奋进取、文明礼貌的氛围以及遵守班集体行为规范和维护集体荣誉的精神状态。

2. 学校的传统与风气

学校体育传统与风气是校风的有机组成部分,它指一个学校在体育方面养成的带有普遍性和相对稳定的一种集体行为风尚。良好的学校体育传统与风气,会对学生产生潜移默化的影响,对帮助学生形成正确的体育态度、兴趣、爱好,养成良好的体育锻炼习惯,以及提高学生的体育文化素养等,都有着非常重要的作用。

3. 体育课堂教学气氛

课堂教学气氛指班级集体在课堂教学过程中形成的一种情绪、情感状态,包括师生的心境、态度、情绪活动以及课堂秩序等。支持型氛围就是在体育教学中教师和学生,学生与学生之间形成和谐、民主、平等的关系,这样学生就会产生满足、愉快、合作、互动和互助等积极的情感状态;而防御型氛围表现为体育教师有绝对的权威,形成"家长制"的教学气氛,师生之间的关系既紧张又对立,加上同学之间的不和睦,从而极大地阻碍了教师与学生之间的交流。因此,在教学的过程中,体育教师与学生之间应保持平等、互助的关系,体育教师是教学与认知的促进者,而不应以管理者自居。

4. 体育教学中的人际关系

师生关系是构成体育教学集体心理的第一重要因素,平等温暖和尊师爱生的师生关系会极大地激发学生的学习愿望,教师的知识储备和人格魅力也会使学生喜爱体育课,增加学习动力。同时,良好的师生关系会使学生更积极地进行探究性和创新性学习,还会给予学生安全感。

教学中的人际关系还包括学生与学生之间的关系,这种关系也在很大程度上影响着学生个体的发展,良好的同学之间的关系有助于学生个体自由地、快活地、自信地学习与活动;而不良的人际关系则会使学生个体防御心理加重,随之出现忧虑、焦躁等不良情绪,而教师在其中所起的调节作用也是很重要的。因此,师生共同创建健康、和谐、融洽、信任的心理环境,将为学生积极情感的形成和发展提供良好的基础和背景,从而促进学生的和谐发展。

四、高校体育教学环境的功能

高校体育教学环境特有的要素结构和环境特征决定了其特有的功能原理。高校体育教学环境对体育教学活动及个体发展所产生的一切影响,都是通过自身功能表现出来的。就目前的认识而言,我们认为积极良好的高校体育教学环境具有六种功能。这六种功能从不同的侧面对高校体育教学活动和学生身心发展施加影响,并最终通过从总体上提高高校体育教学活动的效果和促进个体发展而显示出自身在教学中的重要性。

(一)导向功能

导向功能是指高校体育教学环境可以通过自身各种环境因素集中、一致的作用,引导学生主动接受一定的价值观和行为准则,使他们向着社会所期望的方向发展。如前所述,高校体育教学环境是育人的专门场所,是根据"全面促进人的身心发展"这一特殊需要和国家的教育方针、学校的培养目标而设计、建设和组织起来的。它集中体现了社会主流文化的精神和价值取向,体现了国家和社会对年轻一代成长发展的期望。这些要求和期望渗透在学校内部的各种环境因素中,形成一种具有强大约束力的精神氛围,导引着学生的思想,规范着学生的行为,塑造着学生的个性。高校体育教学环境的这种导向功能对于学生的社会化具有十分重要的意义。

(二)凝聚功能

凝聚功能主要是指高校体育教学环境可以通过自身特有的影响力,将来自不同地理区域、社会阶层和家庭背景的青年学生聚合在一起,使他们对学校环境产生归属感和认同感。

(三)陶冶功能

陶冶功能是指良好的高校体育教学环境可以陶冶学生的情操,净化他们的心灵,养成他们高尚的道德品质和行为习惯。个体的思想信念、道德情操和行为习惯是在一定的社会环境中形成的。高校体育教学环境作为青年学生置身于其中的、可知可感、具体生动的一种微观社会环境,在他们道德情感和道德行为的形成中有着其他环境不可替代的重要作用。实践证明,优雅美观、整洁文明的校园,窗明几净、生机盎然的学习环境,积极向上的班风校风,和谐良好的人际关系,等等,都是可供学生陶冶情操、培养品格的有利环境条件。高校体育教学环境对人的教育作用不是强行灌输的,而是寓教于生动形象和美好的环境中,通过有形的、无形的或物质的、精神的多种环境因素的综合作用,在耳濡目染、潜移默化中熏陶、感化学生,从而产生一种"随风潜入夜,润物细无声"的教育效应。揭示高校体育教学环境的这一功能并积极运用这一功能进行品德教育,必将大大提高学校德育的质量。

(四)激励功能

激励功能是指良好的高校体育教学环境可以有效激励师生员工的工作热情和工作动机,提高他们的工作积极性,从而推进高校体育教学工作的顺利开展,提高高校体育教学工作的质量。

(五)健康功能

健康功能是指高校体育教学环境对于师生的生理和心理健康状况具有重大影响。在一个卫生条件良好,空气、水源没有被污染,远离城市噪音,一切教学设施充足完善的教学环境中学习,学生的身体健康必然能得到保障。另外,高校体育教学环境中是否有和谐宽松的学习气氛和良好互助的人际关系,对学生的心理健康状态的影响也会明显不同。重视教学环境的这一功能,对于保证大学生的健康水平具有重要意义。

(六)美育功能

美育功能是指良好的高校体育教学环境有利于激发学生的美感,进而培养学生正确的审美观和高尚的审美情趣,丰富他们的审美想象,提高他们感受美、鉴赏美和创造美的能力。审美是人的一种高级心理活动,人与环境之间有着直接的审美联系。实践表明,在和谐良好的教学环境中,处处蕴藏着丰富的审美内涵,校园中的自然美、体育场馆的装饰美、教学中的创造美,以及师生的仪表美、情感美、语言美等,都对学生正确审美观的形成产生重要影响。

第二节　高校体育教学环境对体育教学的影响

一、体育教学硬件环境对体育教学的影响

(一)体育教学班级规模对体育教学的影响

学术界对班级规模对教学能否产生影响的研究从没有终止过。在对班级规模进行研究的早期,体育教师、家长、教学行政管理者从各自的立场出发得出

不一致的结论,概括起来有"无影响或影响不大""有影响"两种结论。

环境心理学家认为每个人有一个个人活动空间,人与人之间都保持着一定的距离。当这种距离不适合时,人们的行为要随之发生一系列变化。在《国际教学与师范教育百科全书》中的 77 项有关班级规模、学生学习成绩关系的试验研究中,有 50％以上的实验研究证实,与大班化教学相比,小班化教学有助于学生成绩的提高。

(二)体育教学设施对体育教学的影响

体育教学设施是构成高校体育教学硬件环境的主要物化因素,是体育教学活动进行的物质基础。它具体包括体育馆、田径场、球类场地、游泳池、图书资料、体育器材等。

体育教学设备、设施是体育教学活动赖以进行的物质环境,且对体育教学产生一定的影响。一个学校的物质环境不仅能够影响体育教师和学生的行为,还能影响他们对教与学的态度。

作为高校体育教学硬件环境的重要组成部分,体育教学设施通过自身完善程度制约着体育教学活动的内容和水平以及体育教学的设计与安排等,并能够通过自身的外部特征影响体育教师和学生的行为。因此,以满足体育教学需要为目的,设置、安排符合教学规律,符合学生身心发展规律的体育教学设施,可以有力地推动体育教学的展开。

(三)体育图书、期刊、教材对体育教学的影响

体育图书、期刊、教材是学生获得体育学科知识,并将学到的知识转化为体育技能的工具。通过对体育图书、期刊的阅读,体育教师、学生可以了解体育学科发展的趋势、现状,了解体育教学研究的热点问题以及体育教学的前沿性知识。体育教材是体育教师上课的依据,也是学生上课借助的工具,体育教师可以根据教材选择学生喜欢的教学内容,进而影响其选择教学方法、手段等一系列的教学行为,而体育教师的教学行为及对体育学科知识传授的过程,又进一步影响学生的学习行为,因此,从某程度上说体育教材影响着体育教学的质量。对学生而言,体育教材、体育图书、体育期刊是学生提升自己起点能力的必备条件,学生通过对其的研究,可以提升自己的起点能力,转变学习的态度、建立自信心等,进而影响学生的学习行为,影响体育教师的教学行为,最终影响体育教

学的质量。因此，我们可以说，体育图书、体育期刊及教材是体育教师和学生的食粮，可以直接或间接影响体育教学的质量。

(四)师生比对体育教学环境的影响

师生比，即体育教师与学生之间的比例，合理的师生比可以有效地促进体育教学。师生比是本科教学评估的重要指标，表明师生比例对体育教学的重要影响，国家以及学校已经开始关注体育教学中的师生比对体育教学的影响。体育学科的特点决定了体育教师的教学行为。与其他学科的教师相比，体育教学对体育教师提出更多的要求。体育教学是一个开放的系统，每一个学生都是体育教学中活跃的因子，在体育教学中能够实现学生之间、体育教师与学生之间的亲密联系。因此，体育教师要具备良好的管理能力，以保证正常的教学需要。当体育教学活动已经超出体育教师的管理和控制能力的时候，就会对体育教学产生负面影响。因此，合理的师生比是体育教学顺利进行的基础。

二、体育教学软件环境对体育教学的影响

(一)体育教师对体育教学产生的影响

体育教师是体育教学系统要素之一，是体育教学活动的要素之一，也是体育教学软件环境的要素之一。从体育教学环境的定义看，体育教师是学生的他人环境，属于体育教学软件环境的范畴。体育教师是体育中不可或缺的因素，其自身的性格、教学态度、风格等能直接影响体育教学。而根据"教学对"理论，我们知道教师的教与学生的学共生共存，体育教学中教师的教行为会无时无刻影响学生的学习，进而影响体育教学的成效。因此，我们可以说体育教师对体育教学产生直接或间接的影响。同时，体育教师是体育教学活动的主体之一，本身具有主观能动性，体育教师能通过自己行为的改变，影响体育教学软件环境的建设，而教学软件环境对体育教学产生着潜移默化的影响。因此，教师的力量是伟大的，不仅能影响学生的学习，影响体育教学环境的建设，还能影响体育教学。

(二)学生对体育教学产生的影响

学生是体育教学的主体。所有的体育课程都是为学生设置的，学生的学习

结果则能反映体育教学的效果。而学生自身的发展以及学生的学习表现是影响学生学习成绩的重要因素。因此,学生会对体育教学产生一定的影响。

(三)体育传统与风气对体育教学的影响

体育传统与风气是校风的有机组成部分,是一个学校在体育方面养成并流行的一种集体行为风尚。它一旦形成便具有了普遍性、重复性、相对稳定性的特点。大量的高校体育教学实践证明,优良的校风或班风,不仅会对良好集体心理气氛的形成产生巨大的推力,而且有利于激发学生的学习动机。良好的学校体育传统与风气是激发体育教师形成良好的体育态度、兴趣,养成良好的体育锻炼和学习习惯,以及提高体育教师、学生的体育文化素养等的催化剂,因此,良好的体育传统与风气会对体育教师、学生乃至体育教学产生潜移默化的影响。从以上的体育教学实践、学者们的观点不难看出,高校体育传统与风气对学校集体、学生个体产生的积极作用,也体现出其对体育教学产生的重要影响。

(四)课堂教学气氛对体育教学的影响

体育课堂教学气氛的形成是一个长期的过程,是班集体反映出来的一种情绪或情感状态。它能充分地反映出体育教学中体育教师的教学表现以及学生学习的表现,还能反映出体育教师与学生的关系状态等,即良好的体育教学气氛应该是良好的体育教师表现、学生学习表现以及良好的师生互动等的有机结合。既然课堂教学气氛能促进体育教学成绩的提高,那么良好的体育教学气氛是有效促进体育教学成效提高的关键因素。

积极的体育课堂教学气氛有利于师生关系的培养,能引发、调动学生学习的积极性、自觉性,并且对学生的学习产生积极的影响;能具体地实现师生之间的信息交流与反馈,有利于形成有效的教学行为,即体育教师可以根据教学情境相应的调整教学内容、教学方法、教学策略等,以促进有效体育教学的形成;能促进学生有效学习的形成,提高体育教学的有效性,为取得理想的教学效果打下基础。约翰·D·布兰思福特曾在《人是如何学习的——大脑、心理、经验及学校》一书中指出:"从师生在体育教学中表现的角度对良好的课堂教学气氛进行了描述。"[①]因此,在具体的教学实践中,体育教师和学生要努力创造一种良

---

① 约翰·D·布兰思福特. 人是如何学习的——大脑、心理、经验及学校[M]. 程可拉,译. 上海:华东师范大学出版社,2002.

好的体育课堂教学气氛,学生能在这种教学气氛下努力学习,体育教师能认真教学,体育教师和学生能感情融洽,具有良好的沟通、良好的师生互动等,进而提高体育课堂教学的有效性。

(五)体育教学中的人际关系对体育教学的影响

教学即交往,体育教学也不例外。体育教学中也存在着交往,只要存在着交往,就会产生人际关系。人际关系由体育教师之间、体育教师与学生之间、学生与学生之间、学生个体与学生群体之间等一系列关系交织而成。而这些人际关系就是体育教学软件环境的关系因素。体育教学中的人际关系是指体育教师和学生在体育教学过程中所形成的各种各样的关系的综合。有学者将高校的体育教学环境关系要素分为三大类,即个体之间的关系、个体与团体之间的关系、团体与团体之间的关系。这三种类型的人际关系是高校体育教学中人际互动的基础,也是体育教学中人际关系的具体反映。体育教学是教与学的双边活动,也是交往的过程,离开了交往,人际关系也就不存在了,而离开了人际关系,体育教学也就不存在了,足见交往或人际关系的重要性。人际关系是实现体育教师和学生良好交流的中介,是体育教师与学生在交往中产生的关系,它是直接实现良好体育课堂教学气氛、学生课堂参与程度和积极性的催化剂,因此,它能从一定程度上直接或间接影响体育教学的效果。

(六)体育教学中的信息交流对体育教学的影响

信息论认为,高校体育课堂教学过程是一个信息交流的过程。体育课堂信息的交流直接影响体育教学的成败。体育课堂教学信息主要包括体育知识信息、体育教学状态信息、师生双方交流的中介信息三类,而只有后两类信息属于体育教学软件环境的范畴,我们只介绍后两种。第二类信息是体育教学状态信息。在体育教学实践中,体育教师、学生通过自身在体育教学中的情绪、态度、动机等的具体行动给对方信息,而双方经过自己不断的反馈,进行着多次交流。第三类信息是师生双方交流的中介信息。在具体的教学实践过程中,无时无刻不存在体育教学和学生的体育知识和状态信息的传递和交流,而第三类信息就是促进以上两种信息交流得以进行的中介,能对以上两种信息交流产生保障或者干扰作用。因此,在体育教学中,要处理好后两类信息与第一种信息的关系,才能保证体育教学信息的畅通,保证体育教学的顺利进行。

总之,教学环境对体育教学的影响虽然具有间接性、外在性,但又是巨大的、多方面的,马克思、恩格斯在《神圣家族》一文中说:"人的全部发展都取决于教育和外部环境。"①

第三节　高校体育教学环境资源的优化策略

体育教学环境是一个多层次的复杂系统,同任何环境一样,它时刻在潜移默化地左右教师的教和学生的学,学生对体育的兴趣、爱好、态度、锻炼习惯、能力以及身心发展水平无不受到体育教学环境的影响。毫无疑问,体育教学环境是影响体育教学质量的重要因素之一,应引起我们的关注。如何优化体育教学环境,是值得研究的一个课题。

一、高校体育教学物质环境的优化

(一)开发自然环境为体育教学所用

一般来说,不同地区、不同学校在自然环境条件上是有差异的,任何学校在自然环境方面都有自己的特点和优势,充分挖掘和利用自己现有的自然环境优势,最大限度地减少、避免和弥补现有自然环境的不足,才可能推动体育教学环境的整体改观。如山区学校平地面积小,则应建造一些小型多样的运动场地,适当开展登山、越野等体育运动项目;临海、临湖则可多开展一些水上运动;北方多冰雪,则可多开展水上或冰上运动。

重视体育教学自然环境的改善,还应当有计划地建造风雨操场、室内练习馆,以减少风雨、强烈阳光对体育教学的影响。要提高体育场地的自然环境保护意识,可在户外体育场地旁多种植树木和绿草,因为绿色植物不仅能吸收、过滤有害物质,净化空气、改善空气质量,减少体育场所的大气污染,还能降低噪音污染,起到遮挡阳光、散热及挡风的作用,从而为师生创造一个令人心旷神怡的自然环境。

教师还可以根据自然环境的变化,灵活机动地选择体育教学的内容、方法、

① 马克思,恩格斯. 神圣家族,或对批判的批判所做的批判[M]. 中共中央马克思、恩格斯、列宁、斯大林著作编译局,译. 北京:人民出版社,1958.

组织形式。例如,夏天较热,可降低练习要求及难度,改变运动形式,尽量避开过冷或过热的锻炼环境。注重以人为本,使学生真正热爱体育,充分享受体育学习。

(二)加大经费投入,完善体育教学设施

体育设施、器械、场地等体育教学硬件环境的完善情况是使得高校体育教学得以顺利实施的重要保障,是造成我国目前高校体育教学环境存在差异性的主要原因。而目前体育教学硬件环境的不完善主要是投入经费不足所引起的,因此,要想完善我国普通高校体育教学硬件环境,改善体育教学参差不齐的现状,首先就要加大体育教学经费的投入。对政府来说,要在坚持区域教育均衡发展的基础上,给予各院校体育教学独立发展的空间,使其能够根据院校本身的实际情况来自由发展本院校的体育教学事业,并在对体育教育经费的分配过程中,努力做到分配主体的均衡、合理、公平。同时,要鼓励院校通过引进外资、校企联合等多种形式来筹措体育教育资金,并给予一定的政策支持。对学校来说,要在各级政府的领导下,不断拓宽体育教学经费的来源,通过实行校企联合、场馆运营等形式来多方筹措体育教学经费,加大体育设施、场地建设力度,对陈旧、破损的体育器械进行必要的维修和更新换代。对教师来说,不仅要通过对体育教学设计的优化来提高对现有硬件体育教学环境的利用率,使现有体育教学硬件元素的功能得以充分发挥,满足日常体育教学需要;还要充分发挥自身的创造力和想象力,通过自制体育器材来改善体育硬件环境不完善的现状。

(三)优化体育教学设施,定期维护、清洁

显而易见,符合教学规律的、符合学生身心发展规律的多种、体育教学设施的设置、安排不仅会促进体育教学,使学生的心理、生理产生变化,也是培养学生拥有健康的体魄、健全的人格、养成终身体育锻炼习惯的有力支撑。例如,体育课堂场地器材的布置可以给学生直观的感觉,如果体育场地布置整洁、器材齐备、场地上线条美观清晰、环境井然有序,则可激发学生的学习兴趣而使他们跃跃欲试。再如,在游泳教学中,完善辅助器材、救护器材,不仅能使初学者克服恐惧心理,产生安全感,并较快地掌握游泳技术,还可起到保护学生、加强安全防护的作用。

另外,体育器材长期使用,会出现磨损、老化、螺丝松动、安装不牢固等现象,存在不同程度上的安全隐患,还有的运动场地年久失修,地面坑坑洼洼,易发生学生关节扭伤、肌肉韧带拉伤等事故。因此,学校应该优化场地设施、器材设备,定期检查、维修、保养体育场地器材设备,同时,教师在课前应对体育器材、场地进行合理布置及严格检查,消除事故隐患,防患于未然。

学校体育场地和设施的维护主要是依靠建立体育场地使用制度来实现,如不能穿可能损坏场地的鞋进入场地,不能进行可能损坏场地和设施的运动,等等。维护要体现安全性的要求,要最大限度地避免环境对学生身体的伤害和对健康的不利影响,要让所有体育教学的场所和设施都不存在安全隐患,要对其进行经常的检查和清理,如拣净运动场上的砖头、石块,检查运动器械是否松动,等等。

过去我们一直不太重视体育教学环境中的清洁问题,在尘土飞扬的操场上踢球,在肮脏的器材上做练习是经常可以看到的场景。从优化学生健康环境的角度出发,必须认真对待体育设施和器具的卫生问题,如将体育教学设施打扫干净、游泳池经常换水和消毒等。学校体育场地和设施的清洁主要是依靠日常的清洁值班制度,可以让学生在课后进行体育场地和设施的清洁工作,融卫生和教育于一体。另外,便利和充足的清洁工具也是搞好体育场地和设施清洁工作的重要因素。

(四)营造体育场地设施的色调环境

当前我国的学校体育场地的颜色主要以红色的跑道为主要色彩,而最近出现了彩色跑道和彩色场地,因此体育教学场地也有色彩选择的问题。要根据色彩学原理和场地周围景物的色调来设计体育教学场地的颜色,如学体育馆的墙面和休育场地的地面颜色可采用比较温暖的颜色,如柔和的黄色、珊瑚色和桃红色等,因为暖色调可使学生在视觉和情感上的兴趣趋向外界,提高中枢神经的兴奋性,符合学生的心理特点。

二、体育教学制度环境的优化

(一)建立合理明确的教学制度

营造一个良好的体育教学制度环境是取得良好教学效果的保证,体育课堂如果没有良好的教学制度保障,每个学生都各行其是,课堂就会变得一片混乱,无法进行有效的学习,甚至出现课堂失控的现象。构成体育教学制度环境的各种规定与制度见表 7-1。

表 7-1 构成体育教学制度环境的各种规定与制度

制度	内容规范
师生关系制度	向教师问好以及师生互相问候的用语规定、姿态规定、教师不得体罚学生的规定、教师不得辱骂学生的规定
考勤制度	课前点名制度、请假制度、对无故缺勤的处罚规定等
上课服装规定	必须穿运动服装上课、必须穿运动鞋上课、不得佩戴危险物品等
教师课中行为规定	服装规定、语言规定、行为举止规定、安全责任规定等
学生课中行为规定	不得打闹、不得在场地中乱跑、不得大声喧哗、不得使用不文明语言等
保障安全规定	体操练习必须在他人保护下进行、不得在游泳池边跳水和跑动、不得任意穿行跑道等
集体学习规定	要服从班集体和小组集体的决定、要完成小组交给的工作、要服从班干部的领导,要积极参加集体的活动等
使用场地器材规定	不得故意损坏器材、严格执行课后收拾体育器材的规定、轮流清洁场地和器材制度等

(二)建立正确的舆论与规范

舆论与规范可以形成群体压力,对学生的心理和行为会产生极大的影响。在群体的压力下,成员有可能放弃自己的意见而采取与大多数一致的行为,即从众。正确的舆论与规范促使人积极向上并做出有益的行为,而不健康的舆论和规范则诱迫人产生有害的行为。因此,要想形成良好的体育教学的制度环境,体育教师必须注意在班级中形成良好的舆论与规范。

一方面,体育教师要考虑舆论与规范对群体成员的适应性,争取班级中大多数成员的意见,尽量使群体舆论和规范与成员的个人价值趋同。

另一方面,要考虑群体舆论和规范与社会规范的一致性,使每个学生都能正确地处理自己与群体的关系。在教学中,体育教师还要注意结合体育教学内容的特点,随时对班级舆论与规范进行正面引导和培养。

(三)加强体育课堂教学管理

实践证明,严格的课堂教学管理可以对学生产生一种潜移默化的影响,对体育教学制度环境的形成有积极的促进作用。如果体育教师能长期坚持不懈地贯彻课堂常规并能以身作则,则对学生的体育态度与行为乃至思想品德都会产生不可估量的影响。

(四)严肃执行体育教学常规

严肃、有意义和仪式感很强的体育课堂教学常规会调动学生的积极性,并能使学生尊重课堂、尊重老师、快速进入上课状态。因此,在体育课上课之前,应特别强调体育委员集合整队时口令的规范及师生相互问好的精、气、神。在一些对礼仪要求较强的项目教学中,体育课教学常规还应随项目特点有所变化。例如,在武术、跆拳道项目的教学中,师生问好的方式、学生之间的交往方式等都应体现武术、跆拳道项目的特殊要求。

(五)灵活创编运动规则

运动规则是体育教学活动特有的行为规范。在具体的动作技术练习过程中,遵守规则与遵守课堂纪律合二为一。不过,"成人化"的正式运动规则对练习者的技术和体能要求都非常高,往往不适合青少年学生对技术动作的学习。在这种情况下,体育教师应发挥自己的聪明才智,以充分调动学生的练习兴趣为出发点,对一些运动项目的规则进行适当改编,以此来达到促进学生积极练习的目的。例如,在初中女生的篮球课中,成人高度的篮圈对女生而言很难投中,且女生怕碰撞,练习积极性不高,因此,可以采用"三分制"篮球比赛的方法;在一些学校,标准的乒乓球场地很少,但往往有1~2块相对规范的水泥篮球场,为了让广大学生体会到乒乓球运动的乐趣,体育教师可以把篮球场用彩色粉笔划分为若干个地面乒乓台,用来开展"地面乒乓球"比赛;在跳远教学及比赛中,针对学生身体素质存在个体性差异的现状,要尽可能地调动每个学生参与练习及比赛的积极性,我们可以采用"起点不同"的"目标跳远"的教学与比赛方法,力求使每个学生都可以达成与自身条件相符的目标。

三、体育教学心理环境的优化

优化体育教学心理环境,就是体育教师根据体育教学目标和对学生心理特点的了解,通过把握和调整自己的教学行为,来优化体育教学中各因素之间的关系,使学生产生积极的心理状态和体育学习行为,以便营造良好体育教学气氛的过程。

体育教师对自己的教学行为调整是优化体育教学心理环境过程中的操作变量,在这一变量的作用下,发生了师生之间、学生与学生之间的互动关系,这种互动关系的结果就形成了积极健康的体育教学心理环境。在教师主导作用下营造的积极健康的体育教学心理环境,既包含教师自身的因素,也包括学生的因素。它相对于学生原有的心理环境来说是一种新的外在环境,学生在这种外在环境的作用下产生了新的内在心理环境。而正是这种学生的内在心理环境持续反复地发生,使学生的心理结构得到了重组和优化,塑造了学生良好的心理品质。

在体育教学过程中,运用心理学原理,以良好的师生关系为核心,以情感沟通为桥梁,自觉贯彻心理教育的原则,是营造积极健康的体育教学心理环境的基本途径。

(一)创造良好的风气

在学校中,良好的体育风气的形成,并非一朝一夕的事情。要形成持久而稳定的体育文化风气,有赖于高校教育者的精心设计。

(1)争取和依靠学校领导的支持,这是做好学校体育工作,创建良好传统和体育风气的组织和保证。凡是体育工作开展得较好,并形成良好体育传统与风气的学校,无一例外的都是学校领导高度重视体育,在认识上到位,并在制度措施上得到很好的落实。

(2)加强体育教师素质水平的提高。体育教师是学校体育工作的组织者和实施者,是做好体育工作的关键,体育教师的精神面貌和行为方式以及教学水平对学生的影响是持久而深刻的,对学生的体育兴趣、爱好的培养及能否养成锻炼习惯至关重要。所以,在学校体育风气的形成过程中,教师起着决定性的作用,只有提高教师的素质水平,切实做好教书育人的工作,才能促进学校体育风气的形成与发展。

(3)加强舆论宣传,培养学生对体育的自觉意识。可通过黑板报、广播、校园网等媒介,以及举办体育节、体育周、体育日、体育知识讲座、观摩体育比赛、体育知识竞赛等方式,使学生了解体育,认识体育的价值,培养学生热爱运动的良好品质,把锻炼身体作为日常生活习惯。

(二)构建新型和谐的师生关系

寓情于教、以情动人是教学中体育教师经常采用的教学方法之一。

体育教学是教师教与学生学的双向活动,也是师生之间进行情感、兴趣、能力交流的心理过程。

爱是建立和谐师生关系的桥梁,只有师生关系处在关爱、平等的和谐氛围之中,学生才能直面教师,大胆地投入学习之中,去体验、完成教学任务。要在教学中形成和谐的师生关系,就必须采用多种方法进行交流,如在教学中善于运用表扬和批评的手段,经常和学生谈心,体贴和关爱学生。同时,要充分发挥体育教学中直观情感的优势,如合理运用形体语言,形体语言在建立和谐的师生关系中有着"润物无声"的效果。眼睛是心灵的窗口,眼神的运用可以使师生在无声的交流中达到"心有灵犀一点通"的境界,是建立和维持和谐的师生关系的桥梁和纽带。手势既可以传递思想,又可以表达感情,增加教师有声语言的说服力和感染力。教师只有情绪饱满、和蔼可亲,才会给学生一种自然、明朗的感觉,有利于学生体育知识和技能的形成。只要我们在教学中多些微笑,多些表扬,表现出教师爱的真情,就可以以自身的人格力量去感染和教育学生。只要建立起一种新型的、相互尊重、平等的师生关系,就一定会在师生的心灵深处碰撞出和谐而愉快的火花,建立起一种长久而和谐的体育情感。只有在这种和谐的氛围之下,学生才能够自觉而愉快地接受教师的教学,才能够激起学生自觉学习、乐于学习的愿望,从而达到使他们热爱体育、追求体育目标、全面健身发展的目的。

(三)提升学生关系

体育教学环境同样会对学生的人际交往产生一定的影响。教师和学生之间,学生与学生之间的关系,这些人际关系交织在一起,形成了教育环境的人际环境,它影响着师生的情绪和认知行为。建立良好的人际关系,形成积极健康的集体舆论,有利于促进学生体育能力的发展以及体育意识的提高,可以有效地提高体育教学的质量。

体育教学中,由于学生体育素质的差异,很容易形成特定的心理场。体育素质好的扬扬得意,体育素质弱的自卑自弃。由于体育教学的现场效应以及结果的公众效应,很多学生尤其是女生会对体育学习会产生畏惧心理。作为体育教师,尤其要把握好教育教学的整体性和特殊性,在宽阔的操场上营造一种相互欣赏、彼此肯定的评价氛围,让每一个学生的发展都能得到鼓励。

另外,由于体育固有的竞技性,在体育教学中"竞争"和"挑战"会使每一位学生情绪激昂。每周数节体育课,学生会经历无数次活生生的挑战与竞争,有个体的,也有集体的。如何鼓励每一个个体永不言败,如何帮助学生形成互帮互助、互相勉励的集体氛围,培养团队精神,是体育教师在每一节体育课堂教学中都拥有的挑战机会。另外,小组合作是体育教学中常用的组织方式,如接力、游戏、运球等。作为体育教师,可以巧妙地利用这种组织形式,在教育教学中既培养学生的合作意识、合作能力,又培养学生为了共同的目标不甘落后的拼搏精神。

(四)营造宽松、和谐、民主的体育课堂氛围

体育课堂氛围是体育教学心理环境的重要组成部分,学生对体育的兴趣、爱好、动机等总是在一定的体育课堂情境和气氛中产生的。要充分利用其积极的个性品质和教学风格去创造良好的班集体气氛。体育教师是教学心理气氛中最有影响力的感染者,良好的体育课堂氛围一旦形成,往往具有很强的感染力,可以催人奋进。因此,营造宽松、和谐、民主的体育课堂氛围对实现体育教学目标具有非常重要的意义,可以采用以下对策:

(1)要注意培养学生主动参与体育学习的态度和习惯,学生只有主动参与课堂学习,才有可能营造出积极的课堂氛围。

(2)教师在体育课堂教学过程中要做到眼观六路、耳听八方,善于把握各种稍纵即逝的积极的即时情境,并能够充分利用它们来调节和改善体育课堂教学气氛,提高课堂教学的环境质量,也要注意及时合理地处理好教学过程中出现的各种消极的偶发事件,以防止这些消极因素对正常教学气氛的干扰。

(3)要注重课堂教学活动中的人际情感交流,使教师与学生、学生与学生之间产生情感的共鸣。教学中教师要关爱学生、主动帮助学生,以激发学生积极主动的学习热情,形成教师与学生互相激励、互相鼓舞的良好情感气氛。

(4)教师要转变角色,改变命令式的教学角色,鼓励学生大胆质疑、大胆求异、大胆创新,积极创设一种"不唯上,只唯真"的平等、民主的课堂学习氛围。此外,体育教师还要引导和鼓励学生之间的合作与交往,并且采取适当的教学

组织形式为学生之间的交往创造机会和氛围。

第四节 互联网背景下高校智慧体育教学环境的设计与管理

《中国教育现代化 2035》的发布,对于新时期教育信息化的发展和进步提出了更高的要求。在互联网技术日新月异的背景下,积极运用先进的信息手段推进智慧体育教学环境设计,有助于实现教学数据和信息的多元整合,为学生的体育学习提供人性化、智慧化的学习环境,从而更好地延伸体育教学效果。在高校教育现代化改革的时代浪潮下,积极运用新媒体技术、网络手段、选课系统、评教系统、沉浸式体验、虚拟技术等进行体育学习,有助于推动传统体育教学向智慧化教学过渡,从而极大地推动体育教学效果提升。

一、互联网背景下高校智慧体育教学环境设计的内涵及意义

智慧体育教学环境设计是指充分依托于互联网＋、云计算、大数据、虚拟现实技术等手段,对系统数据和信息进行整体统筹,从而对体育教学全过程进行智慧化管理,构建起真正意义上的智慧体育教学环境。智慧体育教学环境设计,是实现虚拟教学环境与真实教学环境融合的必要手段,能够在短时间内实现体育教学内容的整合,确保教学手段的智慧性和新颖性,全面提升体育学习效果。

互联网背景下高校智慧体育教学环境设计具有极大的促进意义。一是极大了满足了学生体育学习的需求。智慧体育教学环境设计的目的是为学生的体育学习活动提供便利,通过新兴技术的介入,智慧信息技术与体育教学物理空间得以深度融合,从而构建了全新的教学空间和载体,对于调动学生体育学习积极性具有重要作用。二是智慧体育教学环境设计顺应了时代教育改革的趋势。随着教育改革呼声的日益高涨,体育教育亟需新技术、新思想的融入,而人工智能、虚拟现实、区块链等技术的发展,为体育教学实践注入了新的活力。在智慧化体育教学环境的支持下,传统线上体育教学模式逐渐被智慧赋能,体育教学形式更加多样、内容更加丰富、体验感日益增强,这对于提升高校体育教学效果具有重要意义。

二、互联网背景下高校智慧体育教学环境设计存在的问题

尽管不少学校体育教学环境设计开始尝试新技术、新手段的运用，比如多媒体教室、数字化教室等，在一定程度上推进了智慧体育教学环境革新，但还存在不少问题，主要体现为以下方面。

第一，缺乏系统规划，导致高校智慧体育教学环境设计系统不足。虽然互联网技术在体育教学环境设计中有一定的应用，但是只局限于课堂教学手段革新，缺乏整体性的统筹规划和多系统融合，这样在较大程度上影响了智慧环境的系统化发展。比如智慧教学空间、智慧教学模式、智慧教学资源、智慧教学环境、智慧校园空间等方面的建设尚未形成合力，阻碍了智慧体育教学体系的建立。

第二，高校智慧体育教学环境设计缺乏实效性。尽管多媒体手段在体育教学中运用较多，但是依然难以从根本上改变灌输式的教学模式，且加上智慧体育教学环境设计需要大量的资金、人力、物力作为支持，因此在一定程度上减慢了智慧体育教学环境建设效率。

第三，高校智慧体育教学环境设计形式化严重，实质效果不明显。比如录像录音技术、无线网络技术、评教、远程授课等方式已经被广泛运用，但是虚拟实验室、4D 课堂、沉浸式体验等智慧化手段依然普及度不够，这无疑在很大程度上影响了高校智慧体育教学环境的构建。

总而言之，从目前来看，我国高校智慧体育教学环境设计依然存在诸多问题。这些问题的出现不仅影响了高校体育教学效果的实现，也不利于推进高校体育教学现代化发展，难以真正为国家和社会培育更多高素质的体育专业人才。

三、高校智慧体育教学环境建设的发展趋势分析

随着教育现代化进程的推进，信息通信技术、新型互联网技术在教育领域得到越来越广泛的应用，更加先进的体育教学设施得到配置，更加高效的教学管理方式不断引入，如多媒体教学设备、高精度的体能测试仪器、健全的课程管理平台等，有效地弥补了传统体育教学方式存在的不足。通过对现阶段智慧体育教学环境建设的现状、技术变化以及政策制度等的转变的研究，智慧体育教学环境建设的发展趋势主要包括以下五个方面的内容。

（一）高校体育教学设施智能化

传统体育教学过分重视体育项目的实际演练，忽视了对该体育项目的基本规则和实践技巧的教学，使学生难以掌握该体育项目的练习方法，会打消学生的积极性。在智慧体育教学环境建设的过程中，学校教务部门认识到这一问题的紧迫性，开始将体育教学部署为理论和实践相结合的课程体系。学校为体育课程安排了专门的授课教室，并配备了专业教学器材，如应用 AI 技术、人脸识别技术、AR 技术等建设了 4D 智能体育课堂，改变了以往枯燥的理论知识讲解模式，使学生能够在课堂上感受到体育项目的魅力，从而进一步激发学生的兴趣爱好。

（二）高校体育教学模式新颖化

在以往的高校体育教学中，学生的主动参与性不高，且无法有效表达自身的诉求，而高校体育教师在不了解学生基本情况的基础上，难以调整课堂授课内容，导致体育授课千篇一律，流于形式。随着高校智慧体育教学环境的打造，建立起了网络教学管理平台。学生可以利用网络教学平台提出自己在体育锻炼中存在的问题，向教师传达自己的兴趣爱好。而高校体育教师可以利用网络教学平台进行教学交流，分享教学经验，总结教学过程中存在的不足，为学生及时答疑解惑，并据此调整下一阶段的教学安排。考虑到部分体育运动需要一定的人数才能开展，体育教师还可以将本班级学生分成若干体育小组，规定每个体育小组要在课下完成相应的任务，并根据实际开展情况撰写总结报告，在规定的时间内交给体育教师进行评价和总结，鼓励学生养成定期进行体育锻炼的良好习惯。

（三）高校体育教学资源多元化

随着互联网的普及，新一代信息通信技术的应用，体育教师和学生可以随时随地利用移动智能终端获取教育所需的体育资源。学校聘请专业技术人员打造平台化的体育教学信息库，彻底打破了传统的以课堂授课为主的教学资源获取模式。同时，学校还要将这一数据库导入到学校智能终端，如公共微机教室、图书馆资源搜索库，或者开发学校专用的 App，学生和体育教师可以根据自己的学号和工号登录，更加便捷地获取各种信息。

但是，互联网技术的发展不仅能够提高教学便利化，还可能受到不法分子的利用,如网络黑客等利用网络信息库的漏洞进行攻击,窃取师生信息,导致其人身财产安全受到威胁,因此,高校需要积极维护网络安全,确保高校智慧体育教学环境建设能够切实服务于广大师生的体育教学活动。

(四)高校体育教学环境、资料管理一体化

利用智能控制系统对教学设备进行远程操作时,高校体育教师可以根据教学内容,利用教学管理平台,提前申请教室使用或特定体育场馆使用。学生也可以登录统一的教务平台,进行身份认证后,申请所需的体育器材或场馆。例如,学校可以以周为单位,规定每个学生每周可以申请的次数。为此,学校应安排专门人员进行操作和控制,对学生的体育器材和体育场馆使用情况进行统计,将统计数据发送给体育教师,使其准确掌握学生的体育锻炼开展情况,了解学生比较集中的体育项目,据此调整实际教学活动。

(五)校园管理智能化

这一发展趋势是基于整体教育现代化发展方向来说的,学校应结合智能技术和网络控制系统创建一个智能化的校园环境,使学校可以对学生的日常生活和学习进行统一管理,学生则可以切实享受到技术进步带来的便利化成果。具体来说,学校将学生日常学习和生活中经常接触的教学设备、生活设施和网络控制系统相结合,使学生可以利用智能终端或专门的操作设备获取自己所需的信息,享受到便捷化的服务。对智能体育教学环境建设来说,综合性体育场馆的搭建是重中之重,学校要综合各个体育项目,加大资金投入,建立集多种功能为一体的体育场馆,提供学生日常锻炼所需的体育设备,并为综合性体育馆配备智能化管理系统,如指纹识别系统或虹膜识别系统,提高场馆使用的便利性,提升场馆的安全性。

四、互联网背景下智慧体育教学环境设计策略研究

随着大数据、云计算、物联网、互联网等先进技术手段的革新和进步,在互联网背景下积极推进高校智慧体育教学环境设计,对于延伸体育教学效果、推动高校体育教学进步、全面调动学生的学习动力等诸多方面都具有重要的促进意义。智慧体育教学环境设计是一个系统化的过程,需要从智能化教学空间、智慧化教育模式、智慧化教学资源、特色化教学环境、智慧化校园空间等诸多方

面集中发力,以此来更好地为开展体育学习营造良好的环境。

(一)借助互联网技术,打造智能化教学空间

教学空间是教学环境的重要组成部分,应积极运用新兴技术打造智能化教学空间,从而为体育教学活动营造良好的条件。首先,可以充分融入 4D 教室设计理念,将墙面、桌子、座位等设计成不同的颜色,并在墙面中融入体育元素,以此营造积极活泼的学习氛围,提升学生的体育参与热情和积极性;其次,在高校体育教学中,充分运用视频矩阵系统、投屏系统、环境控制系统等多种应用系统进行智慧体育教学空间建设,让学生在体育学习过程中感受到由先进体育教学技术所带来的好奇感,从而充分发挥自身的创造力、想象力和团队协作能力,这对于其综合体育素质的提升具有重要意义。

(二)依托先进技术手段,构建智慧化体育教学模式

充分运用无线投屏、无线话筒、视频播放设备等,开展体育交互式教学,能够将传统体育学习内容以多模态的方式加以呈现,从而全面提升学生的体育学习动力和热情。在具体体育教学过程中,应开展多元化的智慧体育教学模式。首先,在体育线上教学过程中,应善于运用微信公众平台、抖音、移动客户端等方式来进行体育内容呈现,以此来更好地让学生在寓学于乐的教学环境中实现个人成长和进步。其次,在体育线下教学过程中,可以充分利用微课、慕课、翻转课堂等方式,对于体育教材的重点内容进行有效遴选,以便于为学生的智慧体育学习创造良好的条件。最后,注重运用先进技术手段实现任意投屏输出,确保实现师生电脑显示内容与主屏展示的同步性,从而便于师生在体育课堂上更好地进行同步交流,这无疑是体育教学环境智慧化的生动体现。总而言之,应依托先进技术手段构建智慧化体育教学模式,从而更好地提升高校体育教学效果。

(三)运用多元信息技术,建设智慧化教学资源

首先,在教学技术层面,应充分运用数字化技术、学习技术、可视化技术、使能技术等,来确保体育教学技术的智慧化。比如以数字化技术为例,可以通过自带设备、位置智能等方式进行体育学习内容的有机呈现,真正让学生从中感知体育运动的无限魅力;对于可视化技术来说,就可以借助于 3D 打印技术、网

络课程、虚拟实验室技术等,为师生的体育教学活动营造良好的机会和空间;对于使能技术而言,则可以通过机器学习、语音翻译、虚拟助手等方式,真正实现体育学习活动的多维互动性和深入体验性,以此来更好地促进体育教学效果延伸。其次,在教学资源层面,可以充分运用电脑、手机等工具登录终端云,随时随地地获取线上体育学习资源,这种操作简单高效,有助于极大地提升体育学习效率和效果。

(四)构建虚拟教学场景,建设特色化教学环境

积极运用 AR、VR、MR 等先进技术推进体育教学环境建设,让师生在这种充满真实的视听触动等虚拟环境的感知下,能够更加明确地学习体育知识。首先,在体育学习过程中,师生可以充分运用虚拟仿真系统进行体育知识的学习,通过虚拟世界的介入,实现虚拟世界和真实世界的衔接,让学生在这样的场景下完成体育运动的模拟和练习,从而提升其参与体育学习的趣味性。其次,在虚拟实验室中,系统可以结合学生的个性化特征来为之匹配合适的运动项目,并配以运动负荷、运用方法的指导和提示,这极大地满足了智慧体育教学环境设计的需要。比如,高山滑雪等风险系数较高的体育项目,就可以通过这种教学方式来实现,让学生在虚拟场景的引导下,掌握高山滑雪运动的技巧,从而更好地调动学生参与体育锻炼的热情和积极性。

(五)发挥智能化优势,打造智慧化校园空间

"十三五"规划明确提出要将打造智慧校园空间作为信息化建设的重点任务,其目的是为师生的教学活动营造智能化、个性化、人性化的校园空间,从而促使其更好地开展学习实践活动。具体来说,应该从智慧化体育馆、智慧化教室等多方面采取具体措施。首先,针对智慧化体育馆来说,为了切实保证体育教学效果,可以将各类体育器材以互联网的方式进行衔接,学生只需要从信息系统中点击相应的门类就可以了解体育器材的使用方法;同时,学生还可以充分地感受智慧体育馆中的智慧环境,诸如阴雨天模式、四季模式调节、压力调节等,以便于更好地满足学生的体育锻炼需要。其次,对于智慧化教室而言,学生可以通过人脸识别、虹膜技术等进行签到;教师可以利用大数据技术对学生的体育学习过程进行及时追踪,从而更好地把握他们在体育学习中的困惑和问题,以便对症下药,采取有效的应对策略。

参考文献

[1] 蔡金明. 体育教学技能训练[M]. 哈尔滨:哈尔滨工业大学出版社,2017.

[2] 成晓春,王燕. 多学科理论下学校体育课程体系的建设与发展研究[M]. 北京:中国书籍出版社,2019.

[3] 缪振尚,李明川,林立文. 高校体育教学资源优化与深化改革研究[M]. 长春:吉林大学出版社,2020.

[4] 郑花,翟向阳. 高校体育教学资源优化与管理[M]. 北京:九州出版社,2019.

[5] 夏越. 现代高校体育教学研究[M]. 北京:北京理工大学出版社,2019.

[6] 王丽丽,许波,李清瑶. 教育技术在高校体育教学中的实践探索[M]. 长春:吉林人民出版社,2021.

[7] 任俭,王植镯,肖鹤. 体育教学原理及体育学法的创新研究[M]. 北京:中国纺织出版社,2019.

[8] 周海新. 高校体育教学资源改革与拓展的有效性研究[J]. 运动精品,2021(1):15-16.

[9] 郭立亚,黄丽. 新时代我国高校体育教师队伍建设改革的关键任务与实施路径[J]. 北京体育大学学报,2021(9):9.

[10] 喻晓社. 新时代一体化推进高校教师队伍建设的改革与实践[J]. 中国高等教育,2020(19):7-9.

[11] 张丽琼. 高校体育教学管理存在的问题及优化策略[J]. 当代体育科技,2020(3):101-103.

[12] 董继峰,姚海霞. 高校体育教学资源的改革研究[J]. 内蒙古医科大学学报,2021(S2):169-172.

[13] 邓清. 高校体育网络数字化资源建设研究[J]. 休闲,2018(10):97,99.

[14] 史强. 高校体育教学资源整合及课程体系建设[J]. 运动精品,2021(1):15-16.

[15] 陆丹,冯孟辉,郭玉亭. 基于微课程的体育教学资源建设研究[J]. 武术研

究,2018(6):140-143,153.

[16] 张晓东. 利用微课促进高校体育教学资源库的建设[J]. 林区教学,2015(11):100-101.

[17] 殷星星. MOOCs于高校体育教学资源库的共享模式发展现状研究[J]. 内江科技,2021(2):110-112.

[18] 向玉山. 高校体育教学环境优化之研究[J]. 考试周刊,2016(72):107.

[19] 张星. 高校体育教学管理的现状分析及优化策略研究[J]. 农家参谋,2018(20):173.

[20] 欧枝华. 新时期高校体育教学管理问题分析与对策研究[J]. 读天下(综合),2020(6):0118.

[21] 钟萍萍. 浅析高校体育教学管理改革[J]. 人文之友,2020(9):155-156.

[22] 宋昭颐. 高校体育教学管理现存问题及应对策略分析[J]. 当代体育科技,2021(17):3.

[23] 崔天意,邹琳. 智慧校园背景下高校体育教学管理平台建设研究[J]. 当代体育科技,2021(7):3.

[24] 高嵩,黎力榕. 智慧体育教学环境建设发展趋势研究[J]. 广州体育学院学报,2019(4):121-124.

[25] 于海. 互联网背景下智慧体育教学环境设计策略[J]. 武汉冶金管理干部学院学报,2021(2):81-83.

[26] 张强. 智慧体育场馆建设与应用研究[D]. 苏州:苏州大学,2020.

[27] 孙远安. 构建趣味体育课堂,有效提升教学质量[J]. 青少年体育,2016(8):58-59.

[28] 王奇,李永莉,朱建华. 基于体育多样化下的趣味体育项目开展可行性研究[J]. 青少年体育,2019(7):57-58.

[29] 刘婷,左浩昌. 体育游戏在公共体育课教学中的应用[J]. 当代体育科技,2021(9):119-121.

[30] 张壮壮. 体育游戏在高校体育教学中的应用实践[J]. 当代体育科技,2021(28):101-103.

[31] 李强. 体育生活化的意义与价值[J]. 市场周刊,2013(10):99-100.

[32] 王莉敏,王勇. 生活化教学:体育教学的出发点和归宿[J]. 教学与管理,2021(3):78-80.

［33］廖桃玲,李静,蔡臣. 高校体育教学与现代教育技术革新［M］. 长春:吉林
　　　大学出版社,2021.

［34］蒋金鑫. 现代教育技术在高校体育教学中的应用分析［J］. 当代体育科技,
　　　2019(30):73-74.

［35］罗文浪,戴贞明,邹荣. 现代教育技术［M］. 北京:北京理工大学出版社,
　　　2015.